乡村振兴背景下农产品安全保障与电子商务发展规制研究

余 敬 著

中国纺织出版社有限公司

图书在版编目(CIP)数据

乡村振兴背景下农产品安全保障与电子商务发展规制研究/余敬著.——北京：中国纺织出版社有限公司，2023.12

ISBN 978-7-5229-1518-0

Ⅰ.①乡… Ⅱ.①余… Ⅲ.①农产品-质量管理-安全管理-研究-中国 ②农产品-电子商务-研究-中国 Ⅳ.①F326.5②F724.72

中国国家版本馆 CIP 数据核字（2024）第 059447 号

责任编辑：张　宏　　责任校对：王蕙莹　　责任印制：储志伟

中国纺织出版社有限公司出版发行
地址：北京市朝阳区百子湾东里 A407 号楼　邮政编码：100124
销售电话：010—67004422　传真：010—87155801
http://www.c-textilep.com
中国纺织出版社天猫旗舰店
官方微博 http://weibo.com/2119887771
天津千鹤文化传播有限公司印刷　各地新华书店经销
2023 年 12 月第 1 版第 1 次印刷
开本：710×1000　1/16　印张：15.75
字数：193 千字　定价：98.00 元

凡购本书，如有缺页、倒页、脱页，由本社图书营销中心调换

前言

农产品的质量关系我国人民的身体健康情况,也对我国在国际上的农产品产业市场有着重大的影响,所以农产品的质量一定要符合农业标准化的要求。培育出健康的农产品,为我国的建设和发展多提供一份保障,让人民的生活更加地幸福安康。

互联网和移动互联网的快速普及改变了人们的工作和生活方式。我国农产品电子商务也进入了快速发展阶段。国家高度重视农产品电子商务发展,出台了一系列促进农产品电子商务发展的支持政策,为农产品电子商务的快速发展注入了强大动力。未来,在乡村振兴、数字乡村建设等重大战略的推动下,农产品电子商务必将会有更大的发展空间,成为促进农业农村现代化发展的新动能。

本书共七章,第一章为农产品质量安全生产概述;第二章为农产品安全生产与认证;第三章为农产品质量安全生产技术;第四章为农产品电子商务运营的宏观环境;第五章为农产品供应链创新;第六章为农产品电子商务绿色发展;第七章为农产品电子商务运营的新科技。

由于笔者水平有限,文中疏漏之处在所难免,恳请广大读者提出宝贵意见,以便进一步修改、完善和提高。

余 敬
2023 年 10 月

目 录

第一章 农产品质量安全生产概述 ······ **001**
　第一节　农产品质量安全生产现状 ······ 001
　第二节　确保农产品质量安全的重要性 ······ 011
　第三节　农产品质量标准 ······ 015
　第四节　农产品质量控制 ······ 022

第二章 农产品安全生产与认证 ······ **029**
　第一节　"三品一标"认证农产品介绍 ······ 029
　第二节　无公害农产品生产及认证 ······ 035
　第三节　绿色食品生产及认证 ······ 044
　第四节　有机食品生产及认证 ······ 052

第三章 农产品质量安全生产技术 ······ **063**
　第一节　农产品质量安全生产的影响因素与要求 ······ 063
　第二节　无公害农产品生产技术 ······ 066
　第三节　绿色农产品安全生产关键技术 ······ 091
　第四节　有机农产品安全生产关键技术 ······ 107

第四章 农产品电子商务运营的宏观环境 ······ **133**
　第一节　农村电子商务创业 ······ 133
　第二节　农村电子商务的产业集聚 ······ 139
　第三节　农村电子商务助力乡村振兴 ······ 146

第五章　农产品供应链创新 ······ **155**
第一节　服务导向下农产品电商供应链模式创新 ······ 155
第二节　农产品电商供应链的物流服务创新 ······ 156
第三节　基于社群经济的农产品电商供应链模式创新 ······ 165
第四节　基于食品安全的农产品供应链协同创新 ······ 169

第六章　农产品电子商务绿色发展 ······ **189**
第一节　农产品绿色生产 ······ 189
第二节　农产品电子商务绿色物流 ······ 199
第三节　农产品电子商务绿色包装 ······ 202

第七章　农产品电子商务运营的新科技 ······ **207**
第一节　大数据技术在农产品电子商务中的应用 ······ 208
第二节　物联网技术在农产品电子商务中的实际应用 ······ 217
第三节　虚拟现实技术在农产品电子商务中的应用 ······ 224
第四节　云计算技术在农产品电子商务中的应用 ······ 229
第五节　人工智能技术在农产品电子商务中的应用 ······ 235

参考文献 ······ **243**

第一章 农产品质量安全生产概述

新时代,人们对美好生活的向往越来越强烈。美好生活的内涵要求,一是要有美好的人居环境;二是要有便利的生产生活条件;三是要有丰富的文体娱乐生活;四是要有健康的食物和科学的饮食方法。农产品质量安全关系人民群众的身体健康、社会的和谐稳定、农业产业发展和农民增收,从而影响全民素质的提高和乡村振兴战略的实施。

在推进乡村振兴的过程中,产业兴旺是关键,是"压舱室",是"稳定器"。农业产业能否兴旺的关键在于农产品质量,因此确保农产品质量安全十分重要且必要。确保农产品质量安全任重道远,必须从生产源头、生产过程、产地准出、市场准入等环节做好工作。农业部门负责农产品生产投入品的管理及农产品质量检测,质检和工商管理部门负责农产品加工及市场销售环节的监管工作,形成生产、加工、销售环节各部门分工负责、齐抓共管的管理体系。同时通过不断提升农产品生产者的质量安全生产意识、环保意识和健康意识,通过生产者、经营者、管理者和消费者共同努力,实现农产品质量安全。

第一节 农产品质量安全生产现状

一、农产品质量安全的有关概念

(一)农产品

2006年颁布实施的《中华人民共和国农产品质量安全法》中明确

规定:"农产品,是指来源于农业的初级产品,即在农业活动中获得的植物、动物、微生物及其产品。"植物产品包括蔬菜、干鲜果品、谷物等;动物产品包括肉、蛋、生鲜奶、蜂蜜、鱼、虾、蟹、贝等;微生物产品包括木耳、香菇等菌类产品。

(二)质量

质量包括五种含义:一是指资质器重;二是指事物、产品或工作的优劣程度;三是指事物的程度和数量;四是指物体中所含物质的量;五是耐用程度的高低好坏。产品质量中集合了质量的五种内涵,用来描述、判断、形容产品(包括产品本身、产品生产企业、产品生产软硬环境)的等级优劣。

(三)产品质量

产品质量指产品在正常使用条件下,能够满足合理使用的要求所必须具备的特征和特性的总和。根据国际标准化组织颁布的 ISO 8402-198 标准,产品质量是指产品或服务满足规定或潜在需要的能力特征的总和。

(四)农产品质量安全

《中华人民共和国农产品质量安全法》(以下简称《农产品质量安全法》)中的农产品质量安全是指农产品质量符合保障人的健康、安全的要求。广义的农产品质量安全包括满足贮运、加工、消费、出口等方面的需求。因此,农产品质量安全不仅指生产过程中的安全生产,还包括了"从农田到餐桌"全程质量控制。

(五)农产品质量安全水平

农产品质量安全水平是指农产品符合规定的标准或要求的程度。提高农产品质量安全水平,就是要提高防范农产品中有毒物质对人体健康可能产生危害的能力。一般来说,农产品质量安全水平是一个国家或地区经济社会发展水平的重要标志之一。随着我国人民生活水平的不断提高,对农产品质量安全的要求也不断提高,反过来倒逼农产品从田间到餐桌各环节都要提高质量安全控制水平。

(六)农产品质量安全标准

农产品质量安全标准是指依照有关法律、行政法规的规定,制定和发布的农产品质量安全强制性技术规范。一般是指规定农产品质量要求和卫生要求,以保障人的健康、安全的技术规范和要求。如农产品中农药、兽药等化学物质的残留限量,农产品中重金属等有毒有害物质的允许量等。农产品质量安全标准是农产品质量安全监督的重要执法依据,也是支撑和规范农产品生产经营的重要技术保障。而且农产品质量安全标准数量和质量与社会经济科技发展水平密切相关。

二、农产品质量不安全的特征

(一)不合格产品的分类

产品是否符合标准是判断产品是否合格的主要依据。根据产品符合标准和符合程度可分为符合国家标准、行业标准、企业标准和国际标准四类。如果产品不符合法律规定的标准,或者不能够满足用户和消费者的需求,即可称为不合格产品。按照产品是否符合标准以及符合的程度,是否能够满足消费者的需求以及满足的程度,不合格产品可以分为以下四类。

1. 瑕疵

瑕疵是指该产品不符合法律规定的标准,或者不能够满足消费者的需求,但是不含不合理的危险的产品。不合理的危险是指产品存在明显或者潜在的、被社会普遍公认不应当具有的危险。由于这种产品不含不合理的危险,不会给消费者造成人身或者财产方面的损害,《中华人民共和国产品质量法》(以下简称《产品质量法》)规定,该类产品的瑕疵经营者明示以后可以销售。

2. 缺陷

缺陷是指该产品不符合法律规定的标准,或者不能够满足消费者的需求,而且含有不合理的危险的产品。该类产品含有不合理的危险,必然或者极易给消费者造成人身或者财产方面的损害。因此,我国《产品质量法》明令禁止此类产品的销售。

3. 劣质

劣质是指该产品不符合法律规定的标准,或者不能够满足消费者的需求,而且掺有异质的产品。掺入的异质是导致产品不合格的根本原因,这是劣质产品的实质。劣质产品同缺陷产品一样含有不合理的危险,极易给消费者的人身或者财产造成损害。因此,我国《产品质量法》明令禁止生产和销售。

4. 假冒

假冒产品是指使用不真实的厂名、厂址、商标、产品名称、产品标识等,使客户、消费者误以为该产品就是正版的产品。假冒产品同缺陷产品、劣质产品一样含有不合理的危险,极易给消费者的人身或财产造成损害。因此,我国《产品质量法》明令禁止生产和销售。

(二)农产品质量不安全的特征

1. 危害的直接性

农产品质量不安全主要是指其对人体健康造成危害而言的。大多数农产品一般都是直接消费或者加工后被消费。受物理性、化学性和生物性污染的农产品均可能直接对人体健康和生命安全产生危害。

2. 危害的隐蔽性

农产品质量安全的水平或程度仅凭感官难以辨别,需要通过仪器设备进行检验检测,有些还需要进行人体或动物试验后才能确定。由于受科技发展水平等条件的制约,部分参数或指标的检测难度大、检测时间长,因此质量安全状况难以及时准确判断,危害具有较强的隐蔽性。

3. 危害的累积性

不安全农产品对人体危害的表现,往往经过较长时间的积累才能显现出来。比如,部分农药、兽药残留在人体,积累到一定程度,就可能导致疾病的发生并恶化。

4. 危害产生的多环节性

农产品生产的产地环境、投入品、生产过程、加工、流通、消费等环节,均有可能对农产品产生污染,造成质量不安全。

5. 管理的复杂性

管理的复杂性主要表现在三个方面:一是农产品周期长、产业链复杂、区域跨度大;二是农产品质量安全管理涉及多学科、多领域、多环节、多部门,控制技术相对复杂;三是我国农业生产规模小,生产者经营者素质不高,致使农产品质量安全管理难度大。

三、影响农产品质量安全的主要因素

(一)化肥、农药、除草剂等有害物质残留于农产品中

由于大量、超量或不合理地施用化肥,不科学过量施用除草剂和不按规定要求滥用农药,使其在土壤中的残留量累积越来越重,其有害物质残留在农产品中。我国每年因农药引起的食物中毒事件常有发生,特别是蔬菜中残留的有机磷导致中毒事件经常出现。

(二)抗生素、激素和其他有害物质残留于禽、畜、水产品体内

为了预防和治疗家禽、畜和水产品患病而大量使用抗生素、磺胺等化学药物,往往造成药物残留于动物组织中。食品中药物本身的副反应或耐药性细菌种群的增长,将增加潜在健康安全问题。目前氯霉素等抗生素兽药残留量是欧盟各国对我国出品肉食品检验检疫的重点。

(三)重金属污染

重金属污染对食品安全性的影响非常严重,属于化学污染的范

畴。据统计报道,重金属污染首先以镉污染较为严重,其次是汞、铅等,污染物多为粮食作物,多数金属在体内有蓄积性,半衰期较长,能产生急性和慢性毒性反应,甚至可能有致畸、致癌和致突变的潜在危害。

(四)毒素污染

毒素污染是目前极为严重的食品安全问题。毒素主要来源于自然界,如黄曲霉毒素是众所周知的最危险的毒素之一,是一种强致癌物。黄曲霉毒素常存在于花生、坚果等粮油类食品及其制品中,近年来我国频繁出现的"毒大米"事件,即为黄曲霉毒素污染所致。

(五)超量使用食品添加剂

超量使用食品添加剂可能对人体造成危害。国家有关部门认定了可供食品加工用的添加剂品种及其用量和在产品中的残留限量,超量使用可能对人体造成危害。例如,在面粉中超限量5倍添加增白剂"过氧化苯甲酰";在腌菜中超标20多倍使用苯甲酸;在饮料中成倍超标使用化学合成甜味剂等。

(六)滥用非食品加工用化学添加物

在食品加工制造过程中,非法使用和添加超出食品法规允许适用范围的化学物。例如,使馒头、包子增白用二氧化硫;使大米、饼干增亮用矿物油,用甲醛浸泡海产品使之增韧、增亮,延长保存期;改善米粉口感用"吊白块"等。

(七)转基因食品的潜在危险

生物技术产品的出现同样带来了安全性问题,现在人们大量食用的番茄、甜椒、大豆粉、大豆油等制品部分来自转基因产品。尽管目前还不清楚转基因产品是否会对人体健康产生危害,但转基因食品的安全性问题引起了人们的密切关注。有关研究表明,转基因食品具有以下几个方面的潜在危险:可能损害人类的免疫系统;可能产生过敏综合征;对环境和生态系统有害;对人类和人体存在未知的危害。

四、污染类型

上述七大影响因素可以归结于以下四大类型。

(一)物理性污染

物理性污染是指由物理性因素对农产品质量安全产生的危害,是由于在农产品收获或加工过程中操作不规范,在农产品中混入有毒有害物质,导致农产品受到污染。物理性污染可以通过规范操作和加强监管等手段加以预防。

(二)化学性污染

化学性污染是指在生产、加工过程中不合理使用化学合成物质而对农产品质量安全产生的危害。如使用禁用农药,过量过频使用农药、兽药、渔药、添加剂等造成的有毒有害物质残留污染。该污染可以通过标准化生产以及严厉打击各种违规违法行为进行控制。

(三)生物性污染

生物性污染是指自然界中各类生物因子对农产品质量安全产生的危害。如致病性细菌、病毒以及毒素污染等。如 2002 年的 SARS 病毒、2004 年亚洲地区流行的禽流感以及 2020 年的新冠肺炎就是病毒引起的。生物性危害具有较大的不确定性,控制难度大,有些可以通过预防控制,但大多数则需要通过采取综合治理措施才能有效控制。

(四)本地性污染

本地性污染是指农产品产地环境中的污染物对农产品质量安全产生的危害。主要包括产地环境中水、土、气的污染,如灌溉水、土壤、大气中的重金属超标等。本地性污染治理难度最大,需要通过净化产地环境或调整种养品种结构等措施加以解决。

以上四大污染类型,不同国家不同的发展阶段和消费水平,有不同的关注重点和热点。目前我国农产品质量安全工作的重点是要解决化学性污染和相应的安全隐患。农业部实施的"无公害食品行动计划"就是从农药残留、兽药残留、违禁药物等关键危害因子入手,主要解决农产品安全问题,让消费者放心食用农产品,吃得健康。

五、我国农产品质量安全的现状

农产品是食品的重要组成部分之一,其质量安全是国家公共安全的组成部分,因此,人们对其关注度一直居高不下。在农产品质量安全已成为社会关注热点的背景下,提高农产品质量安全水准,有利于保障民众健康安全,促进社会稳定,提升我国农业在国际市场上的竞争力,实现国民经济可持续发展。我国政府历来高度重视农产品质量安全工作。20世纪90年代农业发展进入数量安全与质量安全并重的新阶段,为进一步确保农业产品质量安全,我国明确提出了发展高产、优质、高效、生态、安全的农业目标。2001年农业部在全国实施了"无公害食品行动计划"。经过近20年的发展,我国农产品质量安全保障体系日益完善,监管能力逐步增强,农业标准化水平显著提高,相关法律法规不断完善,以确保农产品质量安全为目标的服务、管理、监督、处罚、应急五位一体的工作机制逐步形成。

(一)农产品质量安全水平稳步提升

2019年,农业农村部第三季度共监测31个省(区、市)和5个计划单列市,共161个大中城市的827个蔬菜水果生产基地、610辆蔬菜和水果运输车、164个畜禽屠宰场、177个养殖场、770辆(个)水产品运输车或暂养池、955个农产品批发(农贸)市场,蔬菜、水果、畜禽产品和水产品抽检合格率分别为97.5%、98.9%、97.7%和95.1%(按照2018年同口径统计,畜禽产品和水产品抽检合格率分别为98.1%和97.0%)。畜产品"瘦肉精"抽检合格率为99.8%。

2019年,从监测品种看,抽检的64种蔬菜中食用菌、瓜类和甘蓝类蔬菜监测合格率较高,分别为99.5%、99.4%和99.3%,抽检的6种畜禽产品中,猪肝和羊肉全部合格,猪肉、牛肉、禽肉和禽蛋的抽检合格率分别为99.0%、98.9%、94.3%和95.8%。抽检的14种大宗养殖水产品中鳙鱼、鲢鱼和对虾全部合格,大黄鱼、罗非鱼和鳜鱼抽检合格率相对较高,分别为98.2%、98.0%和98.0%。无公害农产品、绿色食品、有机农产品和农产品地理标志统称"三品一标"。"三品一标"是政府主导的安全优质农产品公共品牌,是当前和今后一个时期农产品生产消费的主导产品。纵观"三品一标"发展历程,虽有其各自产生的背景和发展基础,但都是农业发展进入新阶段的战略选择,是传统农业向现代农业转变的重要标志。

中国绿色食品2012年上海博览会召开新闻发布会,无公害农产品、绿色食品、有机食品和地理标志农产品已成为我国安全优质农产品的主导品牌,形成了各具特色、相互补充、协调发展的格局。无公害农产品是保障农产品消费的基本安全需求,参照执行产品质量安全的国家强制性标准,管理上实行产地认定与产品认证相结合的制度;绿色食品的本质内涵是"安全、优质、环保",其产品质量是在国家标准的基础上,规定了更高的卫生安全指标要求,总体上达到国际先进的质量安全水平,管理上实行产品认证与使用证明商标相结合的基本制度;有机食品更加突出生态环保,要求不使用化学投入品,按照国家认监委有机产品认证制度管理;地理标志农产品重在传承农耕文化,强调地域特色和独特品质,由农业部实施登记保护。"三品一标"发展的总体要求是实行标准化生产,实施全过程质量控制,实行标志使用管理,适应国内外多元化市场需求;基本功能定位是引领农业品牌化发展,以品牌化带动农业生产标准化和农产品质量安全水平的提升,促进农业增效、农民增收。

(二)农产品依法监管格局基本形成

一是形成了配套的法律法规。《农产品质量安全法》《中华人民共和国食品安全法》(以下简称《食品安全法》)相继颁布实施;《农药管理条例》《兽药管理条例》《饲料和饲料添加剂管理条例》《乳品质量安全监督管理条例》《农业转基因生物安全管理条例》《中华人民共和国食品安全法实施条例》(以下简称《食品安全法实施条例》)配套制定和修订;《无公害农产品管理办法》《农产品产地安全管理法》《农产品包装和标识管理办法》《农产品地理标志管理办法》《农产品质量安全监测管理办法》《绿色食品标志管理办法》和农药兽药安全使用等生产过程强制性技术或规范(标准)快速跟进制定。二是监管体系框架基本形成。2008年农业部组建农产品质量安全监管局,随后各省(区、市)独立的农、牧、渔业行政主管厅局相继成立了农产品(畜产品、水产品)质量安全管理局(处、办)。据统计,全国已有90%的地市和70%的区、县农业部门组建了农产品质量安全监管机构;60%以上的乡镇建立了农产品质量安全监管站(所),农产品质量安全纳入农业综合执法范围,包括农业投入品、生产过程和最终产出农产品质量安全的执法监管。三是农产品质量安全检测技术力量得到了显著提升。

(三)科学应对农产品质量安全突发事件的能力大幅提高

食物安全包括了食物数量安全、质量安全和食物可持续安全。过去,人们普遍关注食物数量安全,却忽视了另外两个方面。随着人民生活水平的提高,人们对食品要求越来越高,要吃得好吃得营养。特别是近来频发的食品安全事件促使人们对食品质量和营养安全更加关注。我国公众食物结构中90%是食用农产品,一但农产品质量安全出现问题,不仅严重影响农业生产,更严重的是冲击农产品市场。农产品质量安全突发事件指因食用农产品而造成的人员健康损害或伤亡事件。按照《国家食品安全事故应急预案》的分级办法,农产品质量安全突发事件分为四级,事件等级的评估核定由县级以上农业行政主管部门会同有关部门依照有关规定进行。建立健全农产品质量安全突发事件应急机制,有利于规范和指导应急处理工作,预防、控制农产品质量安全突发事件,确保对农产品质量安全突发事件反应迅速、决策正确、措施果断、运转高效、处置得当、处理到位,最大限度地减少农产品质量安全突发事件的危害。

第二节　确保农产品质量安全的重要性

"民以食为天,食以安为先。"农产品质量安全事关人民群众身体健康和生命安全,事关农民增收和农业发展,责任重、意义大。随着农产品供求进入总量基本平衡、丰年有余的新阶段,加之人民生活水平提高、农产品国际贸易发展,国家把农产品质量安全工作摆到了更加突出的位置。人们对农产品质量安全的要求越来越高是经济社会发展的必然反映。目前,必须把农产品质量安全与数量安全摆在同等重要的位置,统筹好数量、质量和效益的关系,满足人民群众生活水平不断提高的需求。农产品质量安全水平的高低,直接影响农业产业的健康发展。发展现代农业、提升农产品市场竞争力,质量安全是关键。因此,必须全力以赴,强化质量安全监管,提升质量安全水平。

一、确保农产品质量安全的重要意义

(一)有利于实行标准化生产提高农产品质量

满足城乡居民对高质量食物日益增长的需求按照优势农产品区域布局,以标准化、规范化生产为基础,组织农民生产市场所需的优质安全农产品,建立无公害农产品、绿色农产品和有机农产品标准体系,实现"从土地到餐桌"全程质量控制。

(二)有利于资源环境保护,促进农业可持续发展

确保农产品质量安全是青山绿水生态文明建设的需要。开发安全农产品,有利于保护生态环境和合理利用农业资源,引导农业生产方式发生变化,提高资源利用率。

(三)有利于拓展生产领域,拉长产业链条,促进农业产业化发展

以创新制度设计为核心的安全农产品生产和认证管理是农业向深

度和广度拓宽的有效载体,通过产品认证,密切了产业上下游间的利益联结机制,提高农民组织化程度和农业整体素质,强化基地与企业、企业与市场的关联度,拉长了产业链,促进了农业增效,带动农民增收。

(四)有利于促进农业结构调整

农业结构调整的核心是解决农业投入品的不合理使用和农产品不科学收获所导致的农产品污染问题,从而大幅提高农产品质量,增加市场份额,促进农民增收。

(五)有利于提升我国农产品国际竞争力

保证和加强我国农产品质量安全是适应经济全球化趋势,扩大农产品出口的当务之急。有利于冲破"绿色壁垒",扩大农产品出路,提升我国农产品国际竞争力。

(六)有利于推进乡村振兴战略实施

产业兴旺是乡村振兴的基础,而产业兴旺必须以农产品质量安全为前提,同时通过标准化、规范化生产,加强生态环境保护,农产品生产基地产地环境安全,既是乡村美丽的景观,又为乡村宜居提供了条件,良好的生态条件是乡村宜居的必要条件,是望得见山,看得见水,记得住乡愁的重要保证。因此,优质安全农产品生产是乡村安居乐业,增强人民福祉,提高人民幸福生活指数的重要支撑。

二、如何保证农产品质量安全

(一)高度重视农业生态环境保护是基础,产地环境健康才能产出优质安全的农产品

生态环境保护与农业经济发展的矛盾始终存在,抛弃生态环境容量一味追求农业效益,最终不但对生态环境造成难以估量的破坏,也让农业发展无路可走。只有深入贯彻落实绿色发展理念,牢固树立生态环境就是生产力,改善生态环境就是发展生产力的思想意识,将两者关系由对立转变为统一,并更加重视生态环境,更加尊重自然

生态的发展规律,在农业发展思路上充分挖掘农业具有的生态、社会和文化等多方面的功能,推动绿色发展、循环发展,更好地发展农业生产力,实现农业经济可持续发展,才能最终实现既守住青山绿水,又保住"饭碗",更鼓"腰包"的目标。

(二)农业标准化规范化生产是农产品安全的重要保证

农业标准化是推进农业产业化发展,加快农业现代化进程不可缺少的重要手段,是农业结构调整的重要技术基础,更是解决农业发展和生态环境保护深层次矛盾的最佳答案。因此,要加快推进农业标准化,提高农产品的市场竞争力,尽快实现传统农业向现代农业的转变,推动农业结构调整和产业升级。通过标准化把农业产前、产中、产后等环节衔接起来,形成种养加、产供销一体化的产业经营体系,延长农业产业链条,使农业整体效益得到最大提升。通过标准化把农产品生产、收购、贮存、运输等各环节连接起来,让质量安全追溯沿着这个链条串起来,实现多方互利共赢。在农业生产中,标准是农产品从产前、产后运销到餐桌这一完整的全程质量安全技术保障,是将农林牧资源优势、生产优势和产品优势转化为质量优势、品牌优势和效益优势的必经途径,是实现农业比较优势的重要途径。要紧紧围绕重点农、林、牧优势特色产业,以标准制定、修订为抓手,围绕特色优势农产品,以无公害农产品标准为基础,以种植、养殖、标识、包装、保鲜、贮藏和加工为过程,建立健全农产品安全标准体系,加快科技成果转化,将安全生产的相关技术组装成农业标准,并细化为简明易懂的技术操作规程,积极推动农林牧生产科学化、标准化、产业化。

(三)促进第一、第二、第三产业融合发展,提高农产品生产效益,是保证农产品质量安全的重要途径

建立有机、绿色的生产基地,专门生产营养健康、绿色生态的农产品、有机食品、绿色食品。与媒体建立良好的关系,利用多种渠道,宣传绿色农产品,让人民群众对绿色食品有一个全面的认知,树立农产品特色、安全、绿色的良好形象,打造优质的农产品品牌,增强绿色农产品的附加值,提高农产品生产效益。另外,农业不仅要给人类社会提供多种多样的农产品,还要与当地的产品加工业与种养业进行有效联动。一定要与时俱进,创新发展,开展农企合作,大力研发加工技术。创设良好的区域产品品牌,让绿色产品走入大众视野,成为优质商品。大力推广循环利用、节本增效、加工增值、绿色环保等核心科技;设计乡村旅游、绿色景观、健康养生、科普教育等多种活动,发挥乡村的三地作用。这样,不仅能够满足人们日常饮食需求,还能够满足大众休闲观光的需求。这些年来,我国城镇化建设的速度越来越快,人们的生活压力也日益增大,在闲暇之余,更加向往充满着活力的乡村生态旅游。因此,一定要将自然景观的优势充分地挖掘和发挥出来,大力发展旅游业和服务业,实现绿色高效农业的综合效益。

(四)农产品质量安全检测是保障农产品质量安全的重要基础和技术途径

农业的发展有自身的特点,即种类多、涉及面广,因此影响农业质量的因素有多种。在具体的农产品质量安全检测中囊括了多个方面,如种植业产品、畜牧业产品、水产品等。监测的项目多达4000项。农产品质量提高的关键在于农产品质量安全检测体系的建设。在体系建设的过程中,应该重视技术支撑,不断强化能力建设,保障农产品质量安全检测机构有设备、有队伍、有保障。不同地区的农产品质量安全检测建设标准存在差异性,因此,应该结合地区发展的实际情况,确定当地的农产品质量安全检测标准,合理安排检测技术人员和管理人员,保证检测仪器和设备能够被有效和科学地利用。政府应该支持农产品质量安全检测工作,将农产品质量安全检测工作的经费纳入财政预算中,为其提供资金保障。在检测仪器和检测人员方面应该不断更新,不断提升检测人员的技术水平和能力。在有条件的地区应该积极组织基层农产品质量安全检测机构,参加省级以上组织的技术培训工作和能力检验工作,还应该举办技能竞赛,通过这种方式来考核检测人员的能力和水平。农产品质量安全检测机构还应该积极主动和市场监督管理部门合作,建立机构考核和认定评审机构。

总之,实现农产品质量安全必须是政府、企业和生产者三级联动,形成共识,在制度和技术的推动下,在全社会的生态文明意识和责任意识的不断提高的前提下,农产品质量优质安全目标一定会实现。

第三节 农产品质量标准

影响农产品质量安全的因素很多,涉及农产品"从田间到餐桌"全过程。因此要确保农产品质量安全,必须进行全过程管理。这里主要从农产品产地质量标准、农业化学品投入标准以及农产品质量认证标准三个方面简述对农产品质量安全的要求。

一、农产品产地质量标准

良好的产地环境是确保农产品质量安全的前提和基础。不合理、不科学地使用农药化肥除草剂,以及随意丢弃包装物和生活垃圾污染了农业产地环境。如果农产品产地这个质量安全的源头得不到保障,是不可能生产出质量安全的农产品的。不能满足安全生产要求的产地必须通过种植结构优化调整,逐步改良和恢复,达到健康安全标准才能进行农产品生产。

农产品产地安全有法律依据。《中华人民共和国农业法》第五十八条明确规定,农民和农业生产经营组织应当保养耕地,合理使用化肥、农药、农用地膜,增加使用有机肥料,采用先进技术,保护和提高地力,防止农用地的污染、破坏和地力衰退。县级以上人民政府农业行政主管部门应当采取措施,支持农民和农业生产经营组织加强耕地质量建设,并对耕地质量进行定期监测。《中华人民共和国农产品质量安全法》第三章进一步明确了农产品产地的相关规定。明确指出,县级以上地方人民政府农业主管部按照保障农产品质量安全的要求,根据农产品品种特性和生产区域大气、土壤、水体中有毒有害物质状况等因素,认为不适宜特定农产品生产的,提出禁止生产的区域,报本级人民政府批准后公布。禁止在有毒有害物质超过规定标准的区域生产、捕捞、采集食用农产品和建立农产品生产基地。禁止违反法律、法规的规定向农产品产地排放或者倾倒废水、废气、固体废弃物或者其他有毒有害物质。农业生产用水和用作肥料的固体废弃物,应当符合国家规定的标准。农产品生产者应当合理使用化肥、农药、兽药、农用薄膜等化工产品,防止对农产品产地造成污染。

(一)产地监测与评价

一是县级以上人民政府农业行政主管部门应当建立健全农产品产地安全监测管理制度,加强农产品产地安全调查、监测和评价工作,编制农产品产地安全状况及发展趋势年度报告;二是应当在工矿企业周边、污水灌溉区、大中城市郊区及重要农产品生产区等设置国家级和省级监测点,监控农产品产地安全变化动态,指导农产品产地安全管理和保护工作;三是产地安全调查、监测和评价应当执行国家有关标准等技术规范。

(二)禁止生产区划定与调整

产地有毒物质不符合产地安全标准,并导致农产品中有毒有害物质不符合农产品质量安全标准的,应当划定为农产品禁止生产区。

(三)产地保护

积极推广农业清洁生产技术,发展生态农业,合理使用各种农用化学品,制定产地污染防治与保护规划;采取措施,对禁产区和其他污染严重的地区进行修复;禁止任何单位和个人向农产品产地排放或者倾倒废气、废水、固体废弃物或者其他有毒有害物质。

(四)产地监督检查

县级以上人民政府农业行政主管部门负责产地安全的监督检查,发现产地受到污染威胁时,应当责令致害单位或者个人采取措施,减少或者消除污染威胁。产地发生污染事故时,县级以上人民政府农业行政主管部门应当依法调查处理。

二、农业化学品投入标准

在农业生产过程中,为了提高产量和效益,农用化学品的使用已十分普遍。农业化学投入品包括农药、肥料、除草剂、杀螺剂、农膜、兽药、饲料及饲料添加剂等物资。随着农用化学品的用量逐年增加,尤其是不合理不科学的使用,成为农业污染的重要来源。所以农业化学品是把双刃剑,既有利也有弊。

(一)种植业

农药对农业生产很重要,但长期滥用增加了农田土壤、农业用水、农田大气和农产品中有害物质,进而危害到生态环境和人类健康,形成农药污染。所以农药科学施用,可以防控病虫害,提高产量,是个宝;如果用得不科学不合理,残留超标,影响农产品质量安全,则是个害。肥料施用能够提高农作物产量,改善农产品品质,提高地力和改良土壤。但长期施用不当,造成养分流失、富集和挥发,从而引起环境污染,导致生态环境失调。地膜覆盖栽培能够显著提高地温、增强光照、保水抗旱、提高肥效、保水灭草等作用,但地膜在土壤中残留不断累积带来一系列负面影响,破坏土壤结构,影响作物正常生长。因此,加强病虫草害综合防治,研发低毒残留农药,通过合理科学施用,从而降低甚至消除农药的副作用。

(二)畜禽水产养殖业

1997年我国制定了《中华人民共和国动物防疫法》,规定了动物防疫的预防、控制和扑灭的具体要求,同时规定了依法对动物、动物产品实施检疫,并对动物防疫工作进行监督。2006年施行的《中华人民共和国畜牧法》规定了畜禽资源保护、种畜禽品种选育与生产经营、畜禽养殖、畜禽交易与运输、质量安全保障等具体内容,《兽药管理条例》(2004年4月9日国务院令第404号公布,2014年7月29日国务院令第653号部分修订,2016年2月6日国务院令第666号部分修订)《饲料与饲料添加剂管理条例》规定了畜禽养殖过程中的主要农业投入品的管理规定。在此基础上,农业部发布了《兽药进口管理办法》《兽药生物制品经营管理办法》《兽药标签和说明书管理办法》《兽药经营质量管理规范》《饲料添加剂和添加剂预混合饲料生产许可证管理办法》和《动物源性饲料产品安全卫生管理办法》等一系列规范兽药、饲料和饲料添加剂管理的部门规章,进一步规范畜禽养殖业中投入品的合理安全使用。除了对投入品进行规范外,国家还对特定农产品生产制定了相关的法规。

1986年,我国就实施了《中华人民共和国渔业法》,2004年经修订后重新公布;2003年,农业部制定了《水产养殖质量安全管理规定》,对养殖用水、生产、渔用饲料和水产养殖用药做了详细规定。第15条和第16条明确规定,使用渔用饲料应当符合《饲料和饲料添加剂管理条例》和农业部《无公害食品渔用饲料安全限量》(NY 5072—2002)。

三、农产品质量认证标准

(一)农产品质量认证发展过程

认证是指认证机构证明产品、服务、管理体系符合相关技术规范的强制性要求或者标准的合格评定活动,包括产品认证、服务认证、管理体系认证。产品认证是对终端产品质量安全状况进行评价,体系认证是对生产条件保证能力进行评价。产品质量认证是依据产品标准和相应的技术要求,经认证机构确认并通过颁发认证证书和认证标志来证明某一产品符合相应标准和相应技术要求的活动。我国农业最主要的是产品质量认证,也就是终端产品的质量安全认证。

目前主要是"三品一标"认证，包括无公害农产品、绿色食品、有机产品和农产品地理标志登记保护。

产品质量认证依据应当是具有国际水平的国家标准或地业标准。我国农产品认证始于20世纪90年代初农业部实施的绿色食品认证。20世纪90年代后期，国内一些机构引入国外有机食品标准，实施了有机食品认证。我国还在种植业产品推行了"GAP"（Good Agricultural Praticcs）（良好农业操作规范）和在畜牧业产品、水产品生产加工中实施HACCP（Hazard Analysis Critical Control Point）（危害分析和关键控制点）食品安全管理体系认证。"GAP"起源于欧洲的农产品安全生产认证体系，主要针对生产初级农产品的种植业和养殖业，分别制定和执行相应的操作技术规范；HACCP是国际上共同认可和接受的食品安全保证体系，主要针对食品生产中的原料、关键生产工序及影响产品安全的人为因素进行分析，重点控制食品中微生物、化学和物理危害，确定加工过程中的关键环节，建立完善监控程序和监控标准，采取规范的纠正措施。

2001年，中央提出发展高产优质高效生态安全农业，农业部提出了无公害农产品概念，并组织实施了"无公害农产品食品行动计划"，各地自行制定了当地的无公害农产品认证。2003年，实现了统一标准、统一标志、统一程序、统一管理、统一监督的全国统一的无公害农产品认证。为规范农产品地理标志的使用，保证地理标志农产品的品质和特色，提升农产品市场竞争力。

2007年，农业部颁发了《农产品地理标志管理办法》。本办法明确了农产品地理标志，是指标示农产品来源于特定地域，产品品质和相关特征主要取决于自然生态环境和历史人文因素，并以地域名称冠名的特有农产品标志。因此，农产品地理标志要符合五个条件：一是称谓由地理区域名称和农产品通用名称构成；二是产品有独特的品质特性或者特定的生产方式；三是产品品质和特色主要取决于独特的自然生态环境和人文历史因素；四是产品有限定的生产区域范围；五是产地环境、产品质量符合国家强制性技术规范要求。

2019年12月，为深入贯彻落实《中共中央 国务院关于深化改革加强食品安全工作的意见》，中共中央办公厅、国务院办公厅《关于创新体制机制推进农业绿色发展的意见》有关要求，推进生产者落实农产品质量安全主体责任，农业农村部决定在全国试行食用农产品合格证制度。针对蔬菜、水果、畜禽、禽蛋、养殖水产品，面向食用农产品生产企业、农民专业合作社、家庭农场，在全国范围内统一试行，统一合格证基本样式，统一试行品类，统一监督管理，实现在全国范围内通查通识。明确提出要强化农产品质量安全认证机构监管和认证过程管控，改革无公害农产品认证制度，加快建立统一的绿色农产品市场准入标准，提升绿色食品、有机农产品和地理标志农产品等认证的公信力和权威性。

（二）农产品质量认证标准

1.无公害农产品认证

农业部组织制定了包括产地环境条件、投入品使用、生产管理技术规范、认证管理技术规范等通则类的无公害食品标准，标准系列号为NY5000，贯穿了"从农田到餐桌"全过程所有关键控制环节，为全国无公害农产品生产和加工提供了统一的技术标准，促进了无公害农产品生产、检测、认证及监管的科学性和规范化。2017年，农业部将启动无公害农产品认证制度改革。将无公害农产品审核、专家评审、颁发证书和证后监管等职责全部下放，由省级农业行政主管部门及工作机构负责。下放后，无公害农产品产地认定与产品认证合二为一。

2.绿色食品认证

《绿色食品标志管理办法》中明确规定：绿色食品是指产地自优良环境，按照规定的技术规范生产，实行全程质量控制，无污染、安全、优质并使用专用标志的食用农产品及加工品。绿色食品标准由产地环境标准、生产技术标准、产品标准、包装标准、贮藏与运输标准和其他相关标准六个部分组成,构成了一个完整的、科学的绿色食品标准体系。

3. 有机产品认证

2011年修订的国家标准《有机农业》(GB 19630—2011)中规定,有机农业指遵照特定的农业生产原则,在生产中不采用基因工程获得的生物及其产物,不使用化学合成的农药、化肥、生长调节剂、饲料添加剂等物质,遵照自然规律和生态学原理,协调种植业和养殖业平衡,采用一系列可持续的农业技术以维持持续稳定的农业生产体系的一种农业生产方式。我国2005年正式实施了有机产品的国家标准(有机产品》(GB/T 19630),2011年修订,2012年正式实施新的有机农产品国家标准,包括了生产、加工、标识与销售和管理体系四个部分。有机农产品认证有利于农业生产环境的保护和农业资源的循环再利用。

4. 农产品地理标志登记保护

农产品地理标志登记保护是发展现代农业、特色农业和品牌农业的有效举措。1994年颁布、2002年修订的《中华人民共和国农业法》中规定:符合规定产地及生产规范要求的农产品可以依照有关法律或者行政法规的规定申请使用农产品地理标志。2007年农业部颁布的《农产品地理标志管理办法》中规定,农产品地理标志是指标示农产品来源于特定地域,产品品质和相关特征主要取决于自然生态环境和历史人文因素,并以地域冠名的特有农产品标志。因此,农产品地理标志具有"三独一特一限定"的特征,即"三独"指独特的品质特性、自然生产环境和人文历史因素;"一特"指特定的生产方式;"一限定"指限定的生产区域范围。

5. 试行食用农产品合格证制度

2019年12月27日,农业农村部召开全国试行食用农产品合格证制度工作部署视频会议,全面部署食用农产品合格证制度试行工作。食用农产品合格证制度是农产品种植养殖生产者在自我管理、自控自检的基础上,自我承诺农产品安全合格上市的一种新型农产品质量安全治理制度。在全国范围内统一试行,统一合格证基本样式,统一试行品类,统一监督管理,实现在全国范围内通查通识。在试行主体上,选择农产品市场供给率高、商品化程度高的种植养殖生产者,在试行品类上,选择消费量大、风险隐患高的主要农产品先行开展试行,力争用3年左右的时间取得明显成果。

第四节 农产品质量控制

农产品质量安全控制是一个系统工程,一方面要提高生产者经营者对农产品质量安全的意识,全社会都爱护环境、重视健康卫生,重塑对幸福生活、快乐工作的内涵;另一方面加强制度、标准、管理等层面的工作力度,除了产地环境质量、农产品生产过程质量监控外,农产品质量安全检测、农产品质量安全追溯以及农产品质量安全处罚是保障农产品质量安全的重要手段,在保证农产品质量安全方面都起着重要作用。

一、农产品质量安全检测的重要性

(一)保障人民对美好生活向往和构建和谐社会的需要

国以民为本,民以食为天,食以安为先。农产品的质量安全状况如何,直接关系着人民群众的身体健康乃至生命安全。农产品质量安全问题被称为社会四大问题之一(人口、资源、环境)。农产品的农(兽)药残留及有害物质超标;食物中毒事件不断发生,食品质量问题近年居消费者投诉之首。农产品质量安全直接关系人民群众的日常生活、身体健康和生命安全;关系社会的和谐稳定和民族发展。坚持农业生产绿色高效可持续,推动农业生产方式转变,为发展高产、优质、高效、生态、安全的现代农业和社会主义新农村建设提供坚实支撑的现实要求;是构建和谐社会,规范农产品产销秩序,保障公众农产品消费安全,维护最广大人民群众根本利益的可靠保障。

(二)促进农业标准化生产提高农产品质量安全的重要保证

"没有农业标准化,就没有农业现代化",农业标准化是建设现代农业的重要基础。保障农业生产的高产、优质、高效、生态、安全,必须实施种养殖全过程标准化。通过规模化、标准化、科学化的生产示范,来规范农产品的种植方法,保证农产品的生产质量,促进农业生产的可持续发展,进一步确保农产品的质量安全。农业标准化在标准制定、标准实施、标准监督各方面,都需要检验检测的有力支撑。

(三)有助于促进绿色、健康有机农业的发展,提高我国农产品国际竞争力

在生活质量日益提高的现代,人们对农产品的要求也更高。从超市的农产品销售中就不难发现,标有绿色、有机、无公害的农产品即使价格比普通农产品高很多,但销量依然比普通农产品好,所以生产绿色、有机、无公害农产品是现代农业的主要发展方向。通过完善规范的农产品质量安全检验检测体系,有效保证了绿色、有机、无公害等农产品的检测质量,能有效帮助农民生产更多符合市场需求的高质量农产品,扩大农产品出口和抵御国外农产品对国内产业的冲击都十分必要。

二、农产品质量安全追溯

农产品质量安全追溯是利用信息技术对农产品进行标识,保证每个产品都有一一对应的"身份证",记录在生产、加工、储存、运输和销售等环节的详细信息,很容易追溯到生产源头。农产品质量安全追溯制度源于欧洲接连发生疯牛病危机为代表的食源性事件,由法

国等部分欧盟国家在国际食品法典委员会提出的一种旨在加强食品安全信息传递,控制食源性疾病危害和保障消费者利益的信息记录体系。该体系可以增强农产品消费者安全消费信心,提高农产品生产经营者管理水平和适应国际贸易出口。实行农产品质量安全追溯制度,意味着要建立起有效的农产品产地环境、生产过程、产品检测、包装盒标识等关键环节的全程监控信息系统。一旦出现重大安全责任事故,可追究直接责任人和监管部门的违规责任。毫无疑问,农产品生产经营者和管理者在思想上产生的巨大压力,转化为其在实际生产管理过程中的约束行为,有利于保障农产品质量安全。随着人们对生活质量的要求越来越高,推行农产品质量安全追溯管理势在必行。

追溯是指通过登记的识别码对商品或行为的历史和使用或位置予以追踪的能力。可追溯性是指利用已记录的标记追溯产品的历史、应用情况、所处场所或类似产品或活动的能力。追溯系统一般涉及信息记录、采集、交换、传递、追踪等环节。农产品质量安全追溯是信息化与产业发展深度融合的创新举措,已成为智慧监管的重要建设内容和引领方向。近几年的中央 1 号文件连续对追溯体系建设做出重要部署,农产品质量安全追溯体系建设迈出新步伐。全国农业工作会议提出,要加快国家追溯平台推广应用,将农产品质量安全追溯与农业项目安排、品牌认定等挂钩,率先将绿色食品、有机农产品、地理标志农产品纳入追溯管理。加快推进农产品质量安全追溯体系建设,是贯彻落实党中央国务院决策部署的实际行动,是创新提升农产品质量安全监管能力的有效途径,是推进质量兴农、绿色兴农、品牌强农的重大举措,对增强农产品质量安全保障能力、提升农业产业整体素质和提振消费信心具有重大意义。

农产品质量安全追溯体系建设是维护人民群众"舌尖上的安全"的重大举措,也是推进农业信息化的重要内容。习近平总书记强调,要尽快建立全国统一的农产品和食品质量安全追溯管理信息平台。近几年的中央 1 号文件多次提出,要建立全程可追溯、互联共享的农产品监管追溯信息平台。全国农业工作会议提出"五区一园四平台"建设,进一步明确了追溯管理工作要求。有利于积极开展农产品全程追溯管理,提升综合监管效能;有利于倒逼生产经营主体强化质量安全意识,落实好第一责任;有利于畅通公众查询渠道,提高公众消费信心。建立健全农产品质量安全追溯体系,对于提升农产品质量安全智慧监管能力、促进农业产业健康发展、确保农产品消费安全具有重大意义。

三、农产品质量安全监管

(一)农产品质量安全监管的必要性

尽管国家在农产品质量安全管理上做了大量的工作,制度层面越来越完善,检验检测体系、质量安全可追溯体系、监管体系也逐步建立和完善,但近年来农产品质量安全问题仍然不少,经常有农产品质量安全纠纷报道,"猪肉精""胶水馄饨""染色鸡蛋""毒韭菜""硫磺姜"等类似问题对消费者影响巨大。社会影响恶劣的农产品质量安全事件严重扰乱了全国的农产品市场。我国是农业大国,农产品质量安全监测影响农民的种植计划和生产规划,影响农业的长远发展。

1.加强农产品质量安全监测是保障农业产业安全、健康持续发展的需要

现代农业的发展,不可避免地会使用人工合成的投入品如农药、化肥等,势必也会造成某些物质的残留。产品质量好不好,是否安全,需要农产品质量安全监测来把关。把好这个关卡,不安全产品严禁流入市场,杜绝因追求利益而违规操作的不安全生产行为,保障产业健康可持续发展。

2.加强农产品质量安全监测是政府履行农产品质量安全监管工作职能的有效技术力量支撑

农产品质量安全监测在《农产品质量安全法》和《农产品质量安

全监测管理条例》中都有明确的要求,是法律赋予农业行政主管部门的职责,也是加强农产品质量安全监管的客观要求和重要技术手段。一是通过监测可以发现问题、聚焦问题,为监管工作提供风向指标,对风险隐患可以采取针对性有效预防措施。二是通过产地环境、农业投入品、农产品等主要生产要素的监测,有利于摸清某个区域某个产业存在的主要问题,有利于指导主体开展标准化生产、推广绿色防控、合理利用自然资源保护生态环境。

3.加强农产品质量安全监测是推进农业供给侧结构性改革和促进农业增效、农民增收的迫切需要

在农产品供应数量充足的前提下,农产品质量安全监测为确保老百姓买到放心安全农产品保驾护航。同时,现代农业的发展已经从一产向二产、三产转变,农业要增效,农民要增收,需要农产品质量安全监测来保证农产品的质量,以品质取胜,使质优而价高,实现农产品的高溢价。

总之,加强农产品质量安全监管,建立科学完善的农产品质量安全治理体系,对于遏制重特大安全事故的发生十分必要。完善的农产品质量安全监管体系是人民群众"舌尖上的安全"的重要保障。

(二)农产品质量安全监管现状

根据《农产品质量安全法》规定,农产品质量安全监管主要包括9个方面:①各级政府及其农业部门以及其他相关职能部门相互配合的管理体制;②农产品质量安全信息发布制度;③农产品生产记录制度;④农产品包装与标识制度;⑤农产品质量安全市场准入制度;⑥农产品质量安全监测和监督检查制度;⑦农产品质量安全风险评估制度;⑧农产品质量安全事故报告制度;⑨农产品质量安全责任追究制度。近年来,农业部相继开展了制度体系建设、质检体系建设、农产品质量安全监督抽查计划、农产品质量安全信息发布、农产品质量安全县创建活动、"三品一标"建设、质量安全专项整治行动、食用

农产品合格证试点等工作,持续提高农产品质量安全水平。

2017年,农业部为贯彻落实党中央、国务院决策部署,稳步提升农产品质量安全水平,确保农业产业健康发展和公众"舌尖上的安全",农业部研究编制了《"十三五"全国农产品质量安全提升规划》和《农业部产品质量监督检验测试机构管理办法》。2018年1月,农业部印发《2018年国家农产品质量安全监测计划》,从监测参数、环节等进一步调整完善2018年国家农产品质量安全风险监测计划。一是优化监测参数(指标)。重点增加农药和兽用抗生素等影响农产品质量安全水平的监测指标,国家例行监测指标由2017年的94项增加到2018年的122项,增幅29.8%。二是实施精准监管。重点抽检蔬菜、水果、茶叶、畜禽产品和水产品等五大类与百姓生活息息相关的大宗鲜活农产品,抽检范围重点涵盖全国31个省(区、市)150多个大中城市的蔬菜生产基地、生猪屠宰场、水产品运输车或暂养池、农产品批发市场、农贸市场和超市。2019年,国家市场监督管理总局发布的《食用农产品市场销售质量安全监督管理办法》(修订征求意见稿)中明确规定,国家市场监督管理总局负责制定食用农产品市场销售质量安全监督管理制度,指导全国食用农产品市场销售质量安全的监督管理工作。省、自治区、直辖市市场监督管理部门负责监督指导本行政区域食用农产品市场销售质量安全的监督管理工作。市、县级市场监督管理部门负责本行政区域食用农产品市场销售质量安全的监督管理工作。

到目前为止,全国绝大部分地区建立了农产品质量安全监管机构,依法监管格局已经形成。制定修订农产品质量安全、农产品质量安全监测、产地安全管理等方面的法律法规、部门规章和一系列规范性文件20多个,26个省份出台了地方性法规,107个县成为国家农产品质量安全县,4个省创建了国家质量安全省。

第二章

农产品安全生产与认证

第一节 "三品一标"认证农产品介绍

一、"三品一标"农产品简介

(一)"三品一标"农产品定义

无公害农产品、绿色食品、有机农产品和农产品地理标志统称"三品一标"。"三品一标"是政府主导的安全优质农产品公共品牌,是当前和今后一个时期农产品生产消费的主导产品。农产品地理标志指标示农产品来源于特定地域,农产品品质和相关特征主要取决于自然生态环境和历史人文因素,并以地域名称冠名的特有农产品标志。

(二)"三品一标"农产品起源和发展

无公害农产品发展始于21世纪初,是在适应加入世界贸易组织和保障公众食品安全的大背景下推出的,农业部为此在全国启动实施了"无公害食品行动计划";绿色食品产生于20世纪90年代初期,是在发展高产优质高效农业大背景下推动起来的;而有机食品又是国际有机农业宣传和辐射带动的结果。农产品地理标志则是借鉴欧洲发达国家的经验,为推进地域特色优势农产品产业的发展而提出的重要措施。农业部门推动农产品地理标志登记保护的主要目的是挖掘、培育和发展独具地域特色的传统优势农产品品牌,保护各地独特的产地环境,提升独特的农产品品质,增强特色农产品市场竞争力,促进农业区域经济发展。

(三)"十二五"期间我国"三品一标"工作成效

1. 数量规模稳步增长

"十二五"期间,我国"三品一标"总数达到 10.7 万个,比"十一五"末提高 37.7%,产品产量、生产面积、获证主体数量等均有大幅增长。

2. 质量安全稳定可靠

"三品一标"监测合格率连续多年保持在 98% 以上,2010 年超过 99%。

3. 品牌影响力明显提升

据调查,消费者对"三品一标"的综合认知度已超过 80%,无公害农产品和地理标志农产品的价格平均增长 5%—30%,绿色食品年销售额达 4383 亿元,年出口额达到 24.9 亿美元。

4. 制度规范日益健全

农业部颁布了《绿色食品标志管理办法》,制定"三品一标"技术标准 255 项,农业部农产品质量安全中心、中国绿色食品发展中心制定制度规范数十项,各省也制定了具体的实施细则,工作制度化、规范化水平不断提高。

5. 体系队伍不断壮大

部省地县"三品一标"工作体系基本建立,共培训检(核)查员 4.2 万人次,企业内检员 16.4 万人次。

二、"十三五"期间我国"三品一标"重点工作

"十三五"期间"三品一标"工作总体思路是,深入贯彻绿色发展

理念,坚持以引领农业标准化、规模化、品牌化和绿色化生产为核心,以政府引导和市场驱动为动力,以"促发展、严监管、创品牌"为主线,不断做大总量、做强品牌、做严监管、做优服务,大力助推农业提质增效和农民持续增收,为提升我国农产品质量安全水平、加快现代农业建设提供有力支撑。重点抓好以下5项工作。

(一)做大做强"三品一标"品牌

随着全面建成小康社会的不断深入,公众对安全优质农产品的消费需求越来越大。要始终坚持把发展放到第一位,既要增加数量,扩大市场占有率,又要更加注重质量,提高效益。

1. 要明确发展定位

无公害农产品,要面上铺开、大力发展,使之成为市场准入的基本条件;绿色食品,要精品定位、稳步发展,努力实现优质优价;有机农产品,要因地制宜、健康发展,结合高端消费需求进行拓宽;农产品地理标志,要挖掘特色、深度发展,壮大地域品牌,传承好农耕文化。

2. 要继续扩大总量

将好的产品、好的企业、好的资源尽可能集中整合,引导其树立诚信意识和品牌观念,推动落实主体责任,严格依据规范进行标准化生产,确保"产出来"的源头安全。

3. 要积极争取支持和补贴

抓住国家重农兴农、加大农业投入的契机,积极推动地方政府出台农产品质量安全奖补政策,为"三品一标"争取政策、资金和项目支持,带动生产经营主体重质量、保安全的积极性。

(二)"三品一标"继续坚持"严"字当头

严把审查准入关,坚持用标准说话,树立风险意识和底线意识,强化制度安排及落地,防范出现系统性风险隐患;要建立退出机制,对不合格产品要坚决出局;要严查假冒伪劣,不能鱼龙混杂。

(三)加大品牌宣传

要加大宣传力度,把"三品一标"的理念、标准、要求及实际实施情况更直观地宣传出去;要加强品牌培育;要做好市场推广衔接;全力推动追溯,制订追溯管理的指导意见和管理办法,实现从生产到市场全程可追溯。

(四)做好示范带动

农业农村部农产品质量安全监管局将"三品一标"列为安全县创建的重要指标。"三品一标"工作自身也要通过示范样板、绿色园区、原料基地县等形式进行推广;要用好信息化手段,加强申报、用标、监管、市场等方面的信息化管理。

(五)加强体系队伍建设,加强管理

1. 依法管理

积极完善各项规章制度和标准规范,特别是在发证审核和查处核销上要有明确、具体的规定并严格执行。

2. 科学管理

发挥专家和技术机构的"外脑"和"智库"优势,多为"三品一标"发展建言献策。

3. 绩效管理

建立激励约束机制,用好补贴手段,充分调动工作积极性。

三、聚合力量推进,扎实开展农业生产"三品一标"提升行动

(一)加强顶层设计

坚持高起点高站位谋划农业生产"三品一标",明确"十四五"时期思路目标和重点任务,更高层次、更深领域推进农业绿色发展。规划引领明确方向。将实施农业生产"三品一标"行动纳入《"十四五"

全国农业绿色发展规划》重点任务,明确增加绿色优质农产品供给的实现路径,提升农产品绿色化、特色化和品牌化水平。建立清单细化任务。以部办公厅名义印发《农业生产"三品一标"提升行动实施方案》,建立重点任务清单,明确职责分工,细化到相关司局,落地到重点区域,逐项逐区推进落实。健全机制压实责任。制定《农业生产"三品一标"提升行动推进方案》,召开全国农业生产"三品一标"提升行动现场会,发挥行政推动作用,层层落实责任,有力有序推进。

(二)推进育种创新

指导各省以种业振兴行动为抓手,围绕农业生产"三品一标"重点品种,整合企业、科研院校等优势科技资源,推进品种培优。首先,发掘传统品种。结合农业种质资源普查,指导各省收集保护地方珍稀、濒危和特有品种,开展种质资源特征特性、优异性状基因鉴定,发掘优异种质资源,推动传统种质资源优势转化为产业优势。四川省挖掘特异性、独占性资源40余份,"达川乌梅"等入选"全国农作物十大优异种质资源"。其次,复壮老品种。针对地方特色品种开展提纯复壮,提高品种优良率、纯正度和个体产能。天津市复壮小站稻、沙窝萝卜、七里海河蟹等品种,"土字号""乡字号"特色更加明显。内蒙古自治区复壮乌珠穆沁羊、苏尼特羊等品种,核心种群遗传性能更加纯正。最后,培育新品种。依托重点种源关键核心技术攻关和农业生物育种重大科技项目,实施重点品种遗传改良计划,鼓励种业骨干企业开展新品种攻关。小麦品种烟农1212亩产超过800公斤,耐盐碱大豆品种齐黄34试种最高亩产达302.6公斤。

(三)聚集资源要素

发挥政策指挥棒作用,撬动金融和社会资本,共同推进农业生产"三品一标"。加大财政支持。协调绿色发展、乡村产业、良种繁育、质量安全等项目资金,对推行农业生产"三品一标"的重点区域和经营主体予以倾斜支持。创新金融服务。加强与银行、保险等金融机构合作,指导各地探索新型农业经营主体信用贷款、首贷、无还本续贷,探索"银保农互动",拓宽抵质押物范围,支持推行农业生产"三品一标"。引导社会投入。联合国家乡村振兴局印发《社会资本投资农业农村指引(2021)》,将优良品种选育、标准化基地建设、绿色优质农产品开发、知名品牌创建等纳入社会资本投资13个重点产业和领域,推动构建农业生产"三品一标"多元化资金投入格局。

(四)强化主体带动

充分发挥龙头企业、合作社和家庭农场等新型经营主体的带动作用,辐射带动小农户推行农业生产"三品一标"。培育龙头企业带动。推动认定一批重点推行农业生产"三品一标"的农业产业化国家龙头企业,指导各省扶持一批龙头企业与农民合作社、家庭农场共建全国绿色食品原料标准化生产基地,建立健全质量标准体系,提升农产品质量水平和品牌效益。突出合作社和家庭农场带动。推动将标准化生产作为示范家庭农场、示范合作社创建条件,引导新评定的1836家示范社选用优质品种、应用先进技术、提升品牌意识,带动小农户按标生产。加强社会化服务组织带动。以良种统种统收、绿色生产全程托管等为重点,发展壮大以专业服务公司、服务型农民合作社等社会化服务组织。全国农业社会化服务组织年服务农作物面积达16.7亿亩次,为推广农业生产"三品一标"发挥重要作用。

(五)突出示范引领

引导试验示范基地、重点产业、农业园区全面实施农业生产"三品一标",构建点、线、面"三位一体"协同推进格局。首先,点上突破。在标准化试点基地和示范园区开展农业生产"三品一标"试验示范,严格产地环境、投入品使用、产品加工、储运保鲜等环节管理,大力推广绿色食品原料标准化生产。其次,线上推动。围绕稻谷、小麦、玉米、大豆等11种重要农产品,打造31条农业全产业链重点链,逐个产业、逐个环节推进,全产业链推动农业生产"三品一标"。支持产业集群围绕重要农产品及地方特色农产品,稳定供应链、延伸产业链、提升价值链。最后,面上示范。加强部省战略合作,先后与广西、安徽、江西、青海等省签署框架协议,率先全省推进农业生产"三品一标",共建区域性绿色农产品生产加工供应基地。

下一步,农业农村部发展规划司将按照中央一号文件提出的"开展农业品种培优、品质提升、品牌打造和标准化生产提升行动"要求,围绕保供固安全、振兴畅循环的工作定位,统筹保数量、保多样、保质量,聚焦重点、聚集资源、聚合力量,通过良种示范、标准引领,引导企业建立标准化生产基地,打造知名农业品牌,推进农业全面绿色转型,为全面推进乡村振兴、加快农业农村现代化提供有力支撑。

第二节　无公害农产品生产及认证

一、无公害农产品简介

(一)无公害农产品

无公害农产品指产地环境符合无公害农产品的生态环境质量,生产过程必须符合规定的农产品质量标准和规范,有毒有害物质残留量控制在安全质量允许范围内,安全质量指标符合无公害农产品(食品)标准的农、牧、渔产品(食用类,不包括深加工的食品),经专门机构认证,许可使用无公害农产品标志的产品。

广义的无公害农产品包括有机农产品、自然食品、生态食品、绿色食品、无污染食品等。这类农产品生产过程中允许限量、限品种、限时间地使用人工合成的安全的化学农药、兽药、肥料、饲料添加剂等,它符合国家食品卫生标准,但比绿色食品标准要低。无公害农产品是保证人们对食品质量安全最基本的需要,是最基本的市场准入条件,普通食品都应达到这一要求。

无公害农产品的质量要求低于绿色食品和有机食品。

(二)无公害食品行动计划

1. 实施背景

为适应我国农业发展新阶段的要求,全面提高农产品质量安全水平,进一步增强农产品国际竞争力,维护消费者合法权益,保护农业生态环境,促进农业可持续发展和农民收入增加。根据中共中央、国务院关于加强农产品质量安全工作、加快实施"无公害食品行动计划"的要求和全国"菜篮子"工作会议精神,农业部决定,在北京、天津、上海和深圳四城市试点的基础上,从2002年开始,在全国范围内全面推进"无公害食品行动计划"。

2. 实施目标

通过建立健全农产品质量安全体系,对农产品质量安全实施从"农田到餐桌"全过程监控,有效改善和提高我国农产品质量安全水平,基本实现食用农产品无公害生产,保障消费安全,质量安全指标达到发达国家或地区的中等水平。有条件的地区和企业,应积极发展绿色食品和有机食品。

3. 工作重点

通过加强生产监管,推行市场准入及质量跟踪制度,健全农产品质量安全标准、检验检测、认证体系,强化执法监督、技术推广和市场信息工作,建立起一套既符合中国国情又与国际接轨的农产品质量安全管理制度。突出抓好"菜篮子"产品和出口农产品的质量安全。工作重点是进一步集中力量,下大力气解决好植物产品农药残留超标、动物源性产品兽药残留和药物滥用三个重大问题。

(三)无公害农产品推进措施

1. 加强生产监管

包括强化生产基地建设、净化产地环境、严格农业投入品管理、推行标准化生产、提高生产经营组织化程度。

2.推行市场准入制

包括建立监测制度、推广速测技术、创建专销网点、实施标志管理、推行追溯和承诺制度。

3.完善保障体系

包括加强法制建设、健全标准体系、完善检验检测体系、加快认证体系建设、加强技术研究与推广、建立信息服务网络、加大宣传培训力度、增加投入。

二、无公害农产品的技术保障

无公害农产品的技术保障主要体现在以下几方面。

(一)无公害农产品生产环境控制

无公害农产品开发基地应建立在生态农业建设区域中,其基地在土壤、大气、水上必须符合无公害农产品产地环境标准,其中土壤主要是重金属指标,大气主要是硫化物、氮化物和氟化物等指标,水质主要是重金属、硝态氮、全盐量、氯化物等指标。无公害农产品产地环境评价是选择无公害农产品基地的标尺,只有通过其环境评价,才具有生产无公害农产品的条件和资格,这是前提条件。

(二)无公害农产品生产过程控制

无公害农产品的农业生产过程控制主要是农用化学物质使用限量的控制及替代过程。重点生产环节是病虫害防治和肥料施用。病虫害防治要以不用或少用化学农药为原则,强调以预防为主,以生物防治为主。肥料施用强调以有机肥为主,以底肥为主,按土壤养分库动态平衡需求调节肥量和用肥品种。在生产过程中制定相应的无公害生产操作规范,建立相应的文档、备案待查。

(三)无公害农产品质量控制

无公害农产品最终体现为产品的无公害化。其产品可以是初级产品,也可以是加工产品,其收获、加工、包装、贮藏、运输等后续过程均应制定相应的技术规范和执行标准。产品是否无公害要通过检测来确定。无公害农产品在营养品质上应是优质,营养品质检测可以依据相应检测机构的结果,而环境品质、卫生品质检测要在指定机构进行。

三、无公害农产品法规依据

无公害农产品法规依据包括相关法律和部门规章。

(一)相关法律

《无公害农产品管理办法》是无公害农产品认证的直接依据。但也要执行《中华人民共和国农业法》《中华人民共和国农产品质量安全法》《中华人民共和国食品安全法》《中华人民共和国认证认可条例》《中华人民共和国消费者权益保护法》《中华人民共和国商标法》等。

(二)部门规章

包括《国务院关于加强食品等产品安全监督管理的特别规定》《关于发展无公害农产品绿色食品有机农产品的意见》《无公害农产品质量安全风险预警管理规范》《无公害农产品标志管理办法》《农产品包装和标识管理办法》等。

四、无公害农产品认证的相关机构

(一)无公害农产品的认证机构

(1)农业农村部农产品质量安全中心(农业农村部优质农产品开发服务中心)。无公害农产品认证的办理机构为农业农村部农产品质量安全中心。分成以下三个中心:①农业农村部农产品质量安全中心种植业产品认证分中心;②农业农村部农产品质量安全中心畜牧业产品认证分中心;③农业农村部农产品质量安全中心渔业产品认证分中心。

(2)无公害农产品省级工作机构(各省)。

(3)无公害农产品定点检测机构(各省)。

(二)无公害农产品的运作模式

根据《无公害农产品管理办法》(2002年1月29日农业部、质检总局令第12号公布2007年儿月8日农业部令第6号修订),无公害农产品认证分为产地认定和产品认证。产地认定由省级农业行政主管部门组织实施。产品认证由农业部农产品质量安全中心组织实施。获得无公害农产品产地认定证书的产品方可申请产品认证。无公害农产品认证是政府行为,认证不收费。

五、无公害食品、农产品标准

无公害食品标准是无公害农产品认证的技术依据和基础,是判定无公害农产品的标尺。农业部组织制定了一系列标准,包括产品标准、产地环境标准、投入品使用标准、生产管理技术规程标准、认证管理技术规范类标准、加工技术规程等。标准系列号为NY 5000,贯穿了"从农田到餐桌"全过程所有关键控制环节。

无公害食品标准中的产品标准基本覆盖了包括种植业产品、畜牧业产品和渔业产品在内90%的农产品及其初加工产品,为无公害农产品认证和监督检查提供了技术保障。

六、无公害农产品标志和认证证书

(一)无公害农产品认证范围

无公害农产品认证的产品申请范围,严格限定在《实施无公害农产品认证的产品目录》内。不在范围内的产品,一律不予受理。

1. 种植业产品(412种)

粮食类(47)、油料类(4)、糖料类(2)、蔬菜类(159)、食用菌类

(44)、果品类(104)、茶叶类(9)、其他类(52)。

2. 畜牧业产品(41 种)

畜类(12)、禽类(16)、鲜禽蛋(6)、蜂产品(4)、生鲜乳(3)。

3. 渔业产品(114 种)

淡水鱼(52)、淡水虾(3)、淡水蟹(1)、淡水贝(3)、海水鱼(24)、海水贝(11)、海水虾(6)、海水蟹(3)、藻类(6)、海参(1)、海蜇(1)、蛙类(1)、龟鳖鞍类(2)。

(二)无公害农产品认证证书

根据《无公害农产品管理办法》,无公害农产品认证分为产地认定和产品认证。产地认定由省级农业行政主管部门组织实施;产品认证由农业农村部农产品质量安全中心组织实施;获得无公害农产品产地认定证书的产品方可申请产品认证。

(三)无公害农产品认证形式

1. 产地认定

省级农业行政主管部门根据本办法的规定负责组织实施本辖区内无公害农产品产地的认定工作。

2. 产品认证

无公害农产品的认证机构,由国家认监委审批,并获得国家认监委授权的认可机构的资格认可后,方可从事无公害农产品认证活动。

3. 认证种类分类

认证种类分类包括首次认证、扩项认证、整体认证和复查换证。

七、无公害农产品认证程序

(一)认证范围

1. 产品种类

产品种类须在《实施无公害农产品认证的产品目录》(农业部　国

家认证认可监督管理委员会公告第 2034 号)公布的 567 个食用农产品目录内。

2. 主体资质

应当是具备国家相关法律法规规定的资质条件,具有组织管理无公害农产品生产和承担责任追溯能力的农产品生产企业、农民专业合作经济组织。

3. 产地规模

产地应集中连片,规模符合 NY/T 53432006《无公害食品 产地认定规范》要求,或者各省(区、市)制定的产地规模准入标准。

(二)申报材料

1. 无公害农产品首次认证申请材料

(1)《无公害农产品产地认定与产品认证申请与审查报告》。

(2)国家法律法规规定申请者必须具备的资质证明文件复印件(动物防疫合格证、商标注册证、食品卫生许可证、屠宰许可证)。

(3)《无公害农产品内检员证书》复印件。

(4)无公害农产品生产质量控制措施(内容包括组织管理、投入品管理、卫生防疫、产品检测、产地保护等)。

(5)最近生产周期农业投入品(农药、兽药、渔药等)使用记录复印件。

(6)《产地环境检验报告》及《产地环境现状评价报告》或《产地环境调查报告》(省级工作机构出具)。

(7)《产品检验报告》。

(8)《无公害农产品认证现场检查报告》原件(负责现场检查的工作机构出具)。

(9)无公害农产品认证信息登录表(电子版)。

(10)其他要求提交的有关材料。

2. 无公害农产品扩项认证申请材料

扩项认证是指申请主体在已经进行过产地认定和产品认证基础上增加产品种类（同一产地）的认证情形。申请人除了需要提交《无公害农产品产地认定与产品认证申请和审查报告（2014版）》外还需提交(5)(7)(8)(9)和《无公害农产品产地认定证书》复印件及已获得的《无公害农产品证书》复印件。

3. 复查换证

复查换证是指证书3年有效期满前按照相关规定和要求提出复查换证申请，经确认合格准予换发新的无公害农产品产地或产品证书。复查换证申报材料除了提交《无公害农产品产地认定与产品认证申请和审查报告（2014版）》外，还需提交(8)(9)。产品检验按各省要求执行。

（三）申报流程（图2-1）

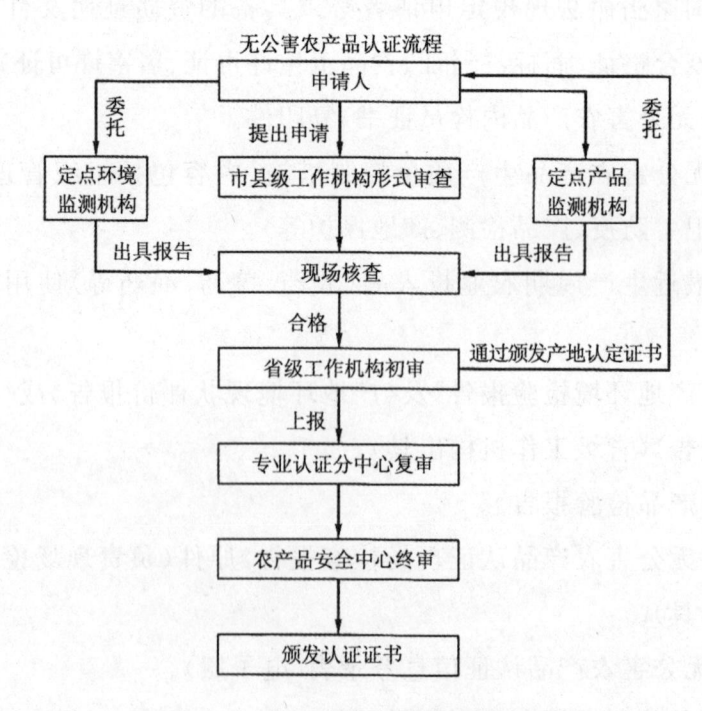

```
                    无公害农产品认证流程
                         申请人
          委托    ↓ 提出申请            委托
      定点环境 ←  市县级工作机构形式审查  → 定点产品
      监测机构                           监测机构
          出具报告 ↓                出具报告
                    现场核查
                     ↓ 合格
                  省级工作机构初审  → 通过颁发产地认定证书
                     ↓ 上报
                  专业认证分中心复审
                     ↓
                  农产品安全中心终审
                     ↓
                  颁发认证书
```

图2-1 无公害农产品申报流程图

(四)申报具体要求,申报流程见图 2-1

(1)申请人向县级无公害农产品工作机构(农业部门)提交已装订好的申报材料一式 4 份。

(2)县级工作机构自收到申报材料之日起 10 个工作日内,负责完成对申请人申报材料的形式和内容审查。

审查要求:申报材料是否按本指南的申报材料目录所列的材料完整提交,并按要求装订;申报材料的填写内容是否符合本指南的要求,不符合要求的,退给申请人整改,并说明整改内容。符合要求的,在《认证报告》上签署推荐意见,连同申报材料报送 3 份到地级工作机构审查。同时县级工作机构应自留 1 份材料存档。

(3)地级工作机构自收到申报材料和《认证报告》之日起 15 个工作日内,对全套申报材料进行符合性审查。

组织市、县两级有资质的检查员按照《无公害农产品认证现场检查工作程序》进行现场检查,并按要求填写《现场检查报告》。

符合要求的,在《认证报告》上签署审查意见,并将申报材料和《认证报告》报送 2 份到省级工作机构,同时地级工作机构应自留 1 份材料存档。

(4)省级工作机构收到申报材料和《认证报告》后,负责对认证申请进行初审。

符合要求的,在《认证报告》上签署审查意见并将申报材料 1 份和《认证报告》报送农产品质量安全中心种植业分中心复审。

(5)分中心自收到申报材料和《认证报告》之日起 20 个工作日内完成整个认证申请的复审。审查合格,报送农业农村部农产品质量安全中心。

(6)农业农村部农产品质量安全中心自收到分中心上报的材料之日起 20 个工作日内完成整个认证申请的终审。终审通过的,颁发无公害农产品证书,并在中国农产品质量安全网上进行公告。

第三节 绿色食品生产及认证

一、绿色食品相关知识

(一)绿色食品的发展过程

20世纪下半叶以来,地球上发生了一些影响深远的变化,人类不合理的社会经济活动加剧了人与自然的矛盾,包括我国在内许多国家的农业生产中,片面依靠化学肥料和农药以及各种添加剂等化学物质来增加农副产品产量的情况普遍存在,不仅造成土壤中的有机物质减少,农产品的品种和品质退化,而且这些化学物质在土壤、江河湖泊中残留,造成有毒、有害物质的大量累积,并逐步进入农作物、牲畜和水生动物体内,然后延伸到食品加工和销售环节,对食品卫生安全造成危害,最终损害人体的健康,甚至影响到子孙后代的延续和发展。到了20世纪80年代末,人们开始反思,于是资源保护、环境保护和防止食品污染等问题成为国际社会共同感知、高度关切的问题,走可持续发展的道路成为共识。

1990年,农业部开始策划和开展推行绿色食品的活动。在进行这项活动之初,农业部的有关方面即根据其所创立的绿色食品概念设计了绿色食品标志,并积极向国家工商行政管理局商标局申请商标注册。

1991年,国家工商行政管理局商标局经过认真的调查研究,决定在遵循《商标法》现有框架的前提下,建议国家农业部门设立有关发展绿色食品的具有相应检测和监控能力的事业机构,建立和完备绿色食品的管理规章和办法,即可核准其在食品商品类别上注册绿色食品标志。

1993年,我国《商标法》予以修改,增加了关于证明商标的规定。中国绿色食品发展中心按照修改后《商标法》的有关规定,进一步规范和完善了绿色食品标志的商标注册和管理。

(二)绿色食品的概念与标志

1.绿色食品概念

绿色食品是指遵循可持续发展原则,按照特定生产方式生产,经专门机构认定,许可使用绿色食品标志的无污染的安全、优质、营养类食品。

绿色食品的"绿色"一词,体现了其所标志的商品从农副产品的种植、养殖到食品加工,直至投放市场的全过程实行环境保护和拒绝污染的理念,而并非描述食品的实际颜色。

2.绿色食品标志

绿色食品标志是由中国绿色食品发展中心在国家知识产权局商标局注册的质量证明商标,受国家《商标法》保护。绿色食品证明商标的注册范围涵盖了《商标注册用商品和服务国际分类》的九大类别的产品。食品生产企业在其产品包装上使用绿色食品标志必须经中国绿色食品发展中心批准,否则属于商标侵权行为,将受到工商行政管理部门的依法查处,甚至被诉诸人民法院。

绿色食品标志有四种形式,包括图形、中文"绿色食品"、英文"Green Food"以及中英文与图形组合等。图形由三部分组成,即上方是广阔田野上初升的太阳,中心是蓓蕾,下方是植物伸展的叶片。整个图形表达明媚阳光下的和谐生机,提醒人们保护环境,创造人与自然的和谐关系,见图2-2。

(a) 绿底白标志为A级绿色食品　　(b) 白底绿标志为AA级绿色食品

图2-2　绿色食品图形标志

3. 绿色食品标志适用范围

可以申请使用绿色食品标志的一类是食品,比如粮油、水产、果品、饮料、茶叶、畜禽蛋奶产品等,包括:

(1)按国家商标类别划分的第 5、29、30、31、32、33 类中的大多数产品均可申请认证。

(2)以"食"或"健"字登记的新开发产品可以申请认证。

(3)经国家卫生健康委员会公告既是药品也是食品的产品可以申请认证。

(4)暂不受理油炸方便面、叶菜类酱菜(盐渍品)、火腿肠及作用机理不甚清楚的产品(如减肥茶)的申请。

(5)绿色食品拒绝转基因技术。由转基因原料生产(饲养)加工的任何产品均不受理。

另一类是生产资料,主要是指在生产绿色食品过程中的物质投入品,比如农药、肥料、兽药、水产养殖用药、食品添加剂等。

具备一定生产规模、生产设施条件及技术保证措施的食品生产企业和生产区域还可以申报绿色食品基地。

4. 绿色食品标志使用权期限

绿色食品认证有效期为三年,三年期满后可申请续展,通过认证审核后方可继续使用绿色食品标志。在有效期内,对抽检不合格及违章用标产品取消其标志使用权,并给予公告。

5. 绿色食品标志使用人权利

在获证产品及其包装、标签、说明书上使用绿色食品标志;在获证产品的广告宣传、展览展销等市场营销活动中使用绿色食品标志;在农产品生产基地建设、农业标准化生产、产业化经营、农产品市场营销等方面优先享受相关扶持政策。

6. 绿色食品标志使用人承担严格执行绿色食品标准义务

保证绿色食品产地环境和产品质量稳定可靠;遵守标志使用合同及相关规定,规范使用绿色食品标志;积极配合县级以上人民政府农业行政主管部门的监督检查及其所属绿色食品工作机构的跟踪检查。

7. 绿色食品查询与编号使用说明

产品外包装上同时具备"绿色食品标志图形""绿色食品"和"企业信息码"(每个编号只对应一个产品);查验是否具有绿色食品标志许可使用证书;通过绿色食品网站查询该产品是否在已通过绿色食品的产品名录内。

企业信息码的编码形式为 GF××××××××××××。GF 是绿色食品英文"Green Food"首字母的缩写组合,后面为十二位阿拉伯数字,其中一到六位为地区代码(按行政区划编制到县级),七到八位为企业获证年份,九到十二位为当年获证企业序号。

(三)绿色食品所具备的条件

(1)产品或产品原料产地必须符合绿色食品生态环境质世标准。

(2)农作物种植、畜禽饲养、水产养殖及食品加工必须符合绿色食品生产操作规程。

(3)产品必须符合绿色食品标准。

(4)产品的包装、贮运必须符合绿色食品包装贮运标准。

二、绿色食品标准

(一)绿色食品标准体系

1. 绿色食品标准

绿色食品标准是应用科学技术原理,结合绿色食品生产实践,借鉴国内外相关标准所制定的,在绿色食品生产中必须遵守,在绿色食品质量认证时必须依据的技术性文件。

2. 绿色食品标准的属性

绿色食品标准是推荐性农业行业标准。

(二)绿色食品标准体系框架

截至 2018 年 8 月,绿色食品标准体系中现行有效标准 125 项,包括绿色食品产地环境质量标准、生产技术标准、产品标准和包装贮藏运输标准四部分,贯穿绿色食品生产全过程。

1. 绿色食品产地环境标准

根据农业生态的特点和绿色食品生产对生态环境的要求,充分依据现有国家环保标准,对控制项目进行优选。分别对空气、农田灌溉水、养殖用水和土壤质量等基本环境条件做出了严格规定。

2. 绿色食品生产技术标准

根据国内外相关法律法规、标准,结合我国现实生产水平和绿色食品的安全优质理念,分别制定了生产资料基本使用准则和生产认证管理通则,包括肥料使用准则、农药使用准则、兽药使用准则、食品添加剂使用准则等和畜禽饲养防疫准则、海洋捕捞水产品养殖规范等。同时根据上述基本准则,制定了具体种植、养殖和加工对象的生产技术规程。

3. 绿色食品产品标准

根据国内外相关产品标准要求,坚持安全与优质并重,先进性与实用性相结合的原则,针对具体产品制定相应的品质和安全性项目和指标要求,是绿色食品产品认证检验和年度抽检的重要依据。

4. 绿色食品包装贮藏运输标准

为确保绿色食品在生产后期的包装和运输过程中不受外界污染而制定了一系列标准,主要包括 NY/T 658—2015《绿色食品 包装通用准则》和 NY/T 1056—2006《绿色食品贮藏运输准则》两项标准。

绿色食品的标准包括产地环境质量标准、生产操作规程、产品标准、包装标准、储藏和运输标准及其他相关标准,是一个完整的质量控制标准体系,见图 2-3。

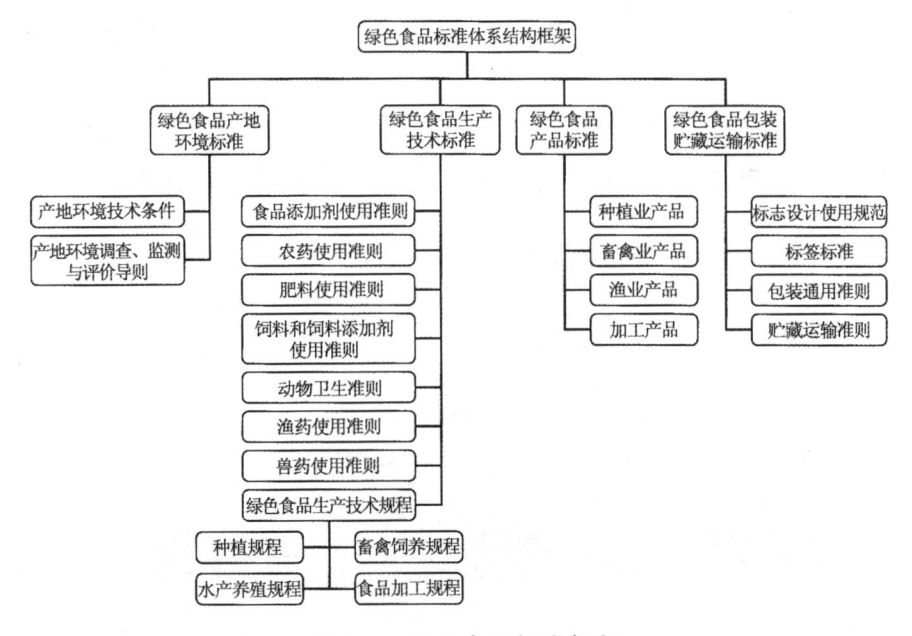

图 2-3 绿色食品标准框架

(三)绿色食品产品标准

根据现行绿色食品标准目录,可以看到绿色食品按产品级别划分,包括初级产品、初加工产品、深加工产品;按产品类别划分,包括农林产品及其加工品、畜禽类、水产类、饮品类和其他产品。共 126 个类别。但是从一个标准对应的产品种类来看,总产品数量超过 1000 种。

(四)绿色食品标准具体要求

绿色食品标准分为两个技术等级,即 AA 级绿色食品标准和 A 级绿色食品标准。

AA 级绿色食品标准要求:生产地的环境质量符合《绿色食品产地环境质量标准》,生产过程中不使用化学合成的农药、肥料、食品添加剂、饲料添加剂、兽药及有害于环境和人体健康的生产资料,而是通过使用有机肥、种植绿肥、作物轮作、生物或物理方法等技术，培肥土壤、控制病虫草害、保护或提高产品品质，从而保证产品质量符合绿色食品产品标准要求。

A级绿色食品标准要求：生产地的环境质量符合《绿色食品产地环境质量标准》，生产过程中严格按绿色食品生产资料使用准则和生产操作规程要求，限量使用限定的化学合成生产资料，并积极采用生物学技术和物理方法，保证产品质量符合绿色食品产品标准要求。

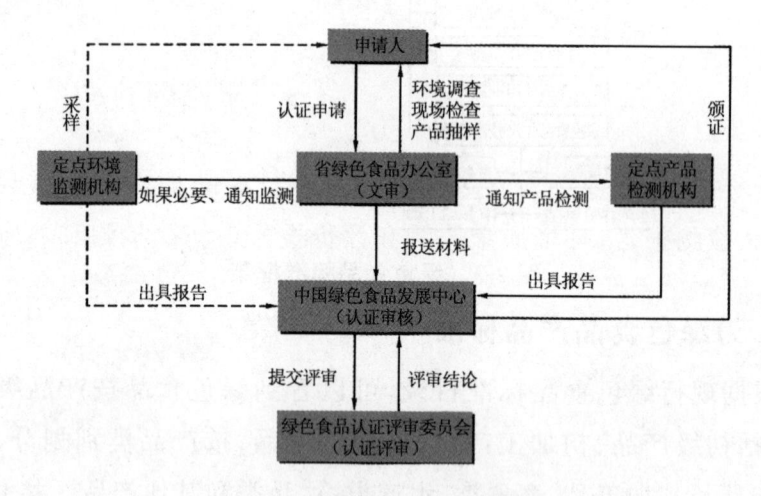

三、绿色食品认证程序

绿色食品认证程序见图2-4。

图2-4 绿色食品认证程序

（1）申请认证企业向市、县(市、区)绿色食品办公室(以下简称绿办)，或向省绿色食品办公室索取，或从中国绿色食品发展中心网站下载《绿色食品申请表》。

（2）市、县(市、区)绿办指导企业做好申请认证的前期准备工作，并对申请认证企业进行现场考察和指导，明确申请认证程序及材料编制要求，并写出考察报告报省绿办。省绿办酌情派人员参加。

（3）企业按照要求准备申请材料，根据《绿色食品现场检查项目及评估报告》自查、草填，并整改，完善申请认证材料；市、县(市、区)

绿办对材料审核,并签署意见后报省绿办。

(4)省绿办收到市、县(市、区)的考察报告、审核表及企业申请材料后,审核定稿。企业完成5套申请认证材料(企业自留1套复印件,报市、县绿办各1套复印件,省绿办1套复印件,中国绿色食品发展中心1套原件)和文字材料软盘,报省绿办。

(5)省绿办收到申请材料后,登记、编号,在5个工作日内完成审核,下发《文审意见通知单》同时抄送中心认证处,说明需补报的材料,明确现场检查和环境质量现状调查计划。企业在10个工作日内提交补充材料。

(6)现场检查计划经企业确认后,省绿办派2名或2名以上检查员在5个工作日内完成现场检查和环境质量现状调查,并在完成后5个工作日内向省绿办提交《绿色食品现场检查项目及评估报告》《绿色食品环境质量现状调查报告》。

(7)检查员在现场检查过程中同时进行产品抽检和环境监测安排,产品检测报告、环境质量监测和评价报告由产品检测和环境监测单位直接寄送中国绿色食品发展中心同时抄送省绿办。对能提供由定点监测机构出具的一年内有效的产品检测报告的企业,免做产品认证检测;对能提供有效环境质量证明的申请单位,可免做或部分免做环境监测。

(8)省绿办将企业申请认证材料(含《绿色食品标志使用申请书》《企业及生产情况调查表》及有关材料)《绿色食品现场检查项目及评估报告》《绿色食品环境质量现状调查报告》《省绿办绿色食品认证情况表》报送中心认证处;申请认证企业将《申请绿色食品认证基本情况调查表》报送中心认证处。

(9)中心对申请认证材料做出"合格""材料不完整或需补充说明""有疑问,需现场检查""不合格"的审核结论,书面通知申请人,同时抄送省绿办。省绿办根据中心要求指导企业对申请认证材料进行补充。

(10)对认证终审结论为"认证合格"的申请企业,中心书面通知申请认证企业在60个工作日内与中心签订《绿色食品标志商标使用许可合同》，同时抄送省绿办。

(11)申请认证企业领取绿色食品证书。

第四节 有机食品生产及认证

一、有机食品的概念

(一)有机食品的定义

有机食品也叫生态或生物食品等。有机食品是国际上对无污染天然食品统一的说法。有机食品通常来自有机农业生产体系，根据国际有机农业生产要求和相应的标准生产加工的。除有机食品外，国际上还把一些派生的产品如有机化妆品、纺织品、林产品或有机食品生产而提供的生产资料，包括生物农药、有机肥料等，经认证后统称有机产品。有机食品是有机产品的其中一类，有机产品还包括棉、麻、竹、服装、化妆品、饲料(有机标准包括动物饲料)等"非食品"。我国有机食品主要包括粮食、蔬菜、水果、畜禽产品(包括乳蛋肉及相关加工制品)、水产品及调料等。

(二)有机食品相关概念

1. 有机农业(organic farming)

有机农业指在动植物生产过程中不使用化学合成的农药、化肥、饲料调节剂、饲料添加剂等物质，以及基因工程生物及其产物，而是遵循自然规律和生态学原理，采取一系列可持续发展的农业技术，协调种植业和养殖业的平衡，维持农业生态系统持续稳定的一种农业生产方式。

2. 传统农业(traditional agriculture)

传统农业指沿用长期积累的农业生产经验，主要以人、畜力进行耕作,以农业、人工措施或传统农药进行病虫草害防治为主要技术特征的农业生产模式。

3. 有机食品(organic food)

有机食品指来自有机农业生产体系,根据有机农业生产的规范生产加工,并经独立的认证机构认证的农产品及其加工产品等。

4. 有机产品(organic product)

有机产品指按照本技术规范的要求生产并获得认证的有机食品和其他各类产品,如有机纺织品、皮革、化妆品、林产品、家具以及生物农药、肥料等有机农业生产资料。

在我国,无公害农产品一般是指无公害食品,在国外称无污染食品,无论是无公害农产品或是无公害食品均是国内术语。

有机食品等同于"生态食品""有机农产品""天然食品"或"自然食品",是纯天然、无污染、安全营养的食品。有机食品比国内通行的绿色食品的环保标准要高。

(三)有机农业的历史

20世纪70年代以来,现代常规农业在给人类带来高的劳动生产率和丰富的物质产品的同时,也因大量使用化肥、农药等农用化学品,使环境和食品受到不同程度的污染,自然生态系统遭到破坏,土地生产能力持续下降。为探索农业发展的新途径,各种形式的替代农业的概念和措施,如有机农业、生物农业、生态农业、持久农业、再生农业及综合农业等应运而生。虽然名称不同.但其目的都是为了保护生态环境,合理利用资源,实现农业生态系统的持久发展,有机农业是其中的一个代表。

有机农业的起源要追溯到1909年,当时美国农业部土地管理局局长到中国考察中国农业数千年兴盛不衰的经验.并于1911年完成了《四千年的农民》一书。书中指出:中国传统农业长盛不衰的秘密在于中国农民的勤劳、智慧和节俭,善于利用时间和空间,提高土地的利用率,并把人畜粪便和一切废弃物、塘泥等还田培养地力。该书对英国植物病理学家 Albert Howard 影响很大。Albert Howard 于 20 世纪 30 年代初提出了有机农业的思想。有机农业的思想经历了近半个世纪的漫长实践,直到 20 世纪 80 年代,一些发达国家的政府才开始重视有机农业,并鼓励农民从常规农业生产向有机农业生产转换,有机农业的概念开始被广泛地接受。有机农业从产生到快速发展与现代农业对环境和人类的影响分不开。

"有机"不是化学上的概念,而是指采取一种有机的耕作和加工方式。有机食品是指按照这种方式生产和加工的,产品符合国际或国家有机食品要求和标准,并通过国家有机食品认证机构认证的一切农副产品及其加工品,包括粮食、蔬菜、水果、奶制品、禽畜产品、蜂蜜、水产品、调料等。

(四)有机食品应具备的条件

(1)原料必须来自已建立的有机农业生产体系,或采用有机方式采集的野生天然产品。

(2)有机食品在生产和加工过程中必须严格遵循有机食品生产、采集、加工、包装、贮藏、运输标准,禁止使用化学合成的农药、化肥、激素、抗生素、食品添加剂等,禁止使用基因工程技术及该技术的产物及其衍生物。

(3)有机食品生产和加工过程中必须建立严格的质量管理体系、生产过程控制体系和追踪体系,因此一般需要有转换期,这个转换过程一般需要 2~3 年,才能被批准为有机食品;有完整的生产和销售记录档案。

(4)有机食品必须通过合法的有机食品认证机构的认证。有机食品是国际上公认的,源于自然,高营养、高品质的环保型安全食品,它位于食品安全金字塔的顶端,有机食品的生产要比其他食品难很多,它需要建立全新的生产、质量和管理体系,采用天然的替代技术。

二、中国有机食品现状

(一)我国有机农业的发展历程

1. 启动阶段(1993年及以前)

启动阶段是指农业部开始进行有机农业基础建设的阶段,通常指1978—1993年。为了改变"三高型"的传统粗放型农业发展模式,顺应国际有机农业发展的大趋势,中国逐步开始有机农业的理论建设与发展规划。20世纪80年代初开始引进了生态农业。1989年南京科学研究所农村生态研究室的成立,标志着中国从此有了第一个有机农业联盟(IFOAM)。1990年,随着浙江省和安徽省的2个茶园和2个加工厂项目的实施,中国第一次有了国际认证的有机农业生产企业。同年,"中国绿色食品发展中心(CGFDC)"被农业部批准成立。这一系列的事件表明中国进入了有机农业启动阶段。

2. 初步发展阶段(1994—1996年)

1994—1996年,有机食品有了长足的发展。这一阶段的特点是有机农业向全社会加速扩展。这一阶段,居民日常消费结构的变化也反映了有机农产品的产品结构和产业结构的变化。1994年,经国家环境保护局批准,国家环境保护局有机食品发展中心(Organic Food rjevelopment and Certification Center,OFDCC)正式成立,标志着我国真正开始发展有机食品,当时有机食品认证监管由国家环保总局的有机食品认可委员会负责。

3. 规范发展阶段(1997年至今)

进入21世纪后,国务院机构改革"三定"方案,根据规定国家环保总局原先开展的有机食品认证认可管理工作交由国家认监委管理,从此有机食品发展进入规范化管理阶段,这一阶段发展的特点是向社会化、市场化和国际化全面推广。2002年10月,中国绿色食品发展中心出资组建的"中绿华夏有机食品认证中心(China Organic

Food Certification Center,COFCC)",成为认监委成立后批准的第一家专门从事有机食品认证的专门机构。2019年,国家颁布了《有机产品认证管理办法》、GB/T 196302019《有机产品生产、加工、标识与管理体系要求》。

(二)我国有机农产品发展成果

1.种类多范围广,认证机构发展迅速

1990年,我国首次出现第一例通过有机认证的产品,至今已有30年的发展历程,有机食品的认证工作及其产业均已得到长足发展,根据2019年修订的《有机产品认证目录》,我国有机和有机转换产品已有蔬菜、水果、肉及肉制品等46大类1136种,已经形成一定规模。

2.增长速度快

当前,人们对食品的消费也提出了更高的要求,越来越关注食品品质与安全,有机食品以其优良品质及食用安全性受到人们喜爱。一方面,传统农业在农产品种植过程中过量使用化学制品导致口感风味变差,失去天然产品的特性,这已无法满足现代人饮食需求,因此有机食品产业有了广阔的发展市场。另一方面,我国传统农作物种植中的一些方法和有机食品生产标准大同小异,再加上我国自然环境优越、农业资源丰富、国家政策扶持等特点,发展有机食品比发达国家更具优势。截至2018年,中国有机产品生产面积已达200多万公顷,总产值超1300亿元,国内销售额为380亿元。

但我们也应清醒地认识到,我国有机产品生产面积占农业生产总面积的比重还很低,不到0.5%;人均消费有机产品的金额也很低,不到世界平均水平的一半。

三、中国有机产品标志

中国有机产品标志的主要图案由三部分组成,即外围的圆形、中间的种子图形及其周围的环形线条。

标志外围的圆形形似地球,象征和谐、安全,圆形中的"中国有机产品"字样为中英文结合方式。既表示中国有机产品与世界同行,也有利于国内外消费者识别。

标志中间类似于种子的图形代表生命萌发之际的勃勃生机,象征了有机产品是从种子开始的全过程认证,同时昭示出有机产品就如同刚刚萌发的种子,正在中国大地上茁壮成长。

种子图形周围圆润自如的线条象征环形道路,与种子图形合并构成汉字"中",体现出有机产品植根中国,有机之路越走越宽广。同时,处于平面的环形又是英文字母"C"的变体,种子形状也是"O"的变形,意为 China Organic。

绿色代表环保、健康,表示有机产品给人类的生态环境带来完美与协调。橘红色代表旺盛的生命力,表示有机产品对可持续发展的作用。

四、中国有机食品法规及标准

(一)法规

有机产品除了遵守《中华人民共和国农业法》《中华人民共和国食品安全法》《中华人民共和国农产品质量安全法》等相关法规以外,还要遵守有机产品特殊的法规。包括:《中华人民共和国认证认可条例》(国务院令第390号)《有机产品认证管理办法》《有机产品认证实施规则》。

(二)标准

GB/T 19630 2019《有机产品生产、加工、标识与管理体系要求》。

五、有机产品认证

(一)认证依据

GB/T 19630《有机产品生产、加工、标识与管理体系要求》。

(二)认证机构受理认证申请的条件

(1)认证委托人及其相关方应取得相关法律法规规定的行政许可(适用时),其生产、加工或经营的产品应符合相关法律法规、标准及规范的要求,并应拥有产品的所有权。

(2)认证委托人建立并实施了有机产品生产、加工和经营管理体系,并有效运行三个月以上。

(3)申请认证的产品应在认监委公布的《有机产品认证目录》内。枸杞产品还应符合附件6的要求。

(4)认证委托人及其相关方在五年内未因以下情形被撤销有机产品认证证书提供虚假信息;使用禁用物质;超范围使用有机认证标志;出现产品质量安全重大事故。

(5)认证委托人及其相关方一年内未因除④所列情形之外其他情形被认证机构撤销有机产品认证证书。

(6)认证委托人未列入国家信用信息严重失信主体相关名录。

(三)认证委托人应提交文件和资料

(1)认证委托人的合法经营资质文件的复印件。

(2)认证委托人及其有机生产、加工、经营的基本情况。包括:①认证委托人名称、地址、联系方式;不是直接从事有机产品生产、加工的认证委托人,应同时提交与直接从事有机产品的生产、加工者签订的书面合同的复印件及具体从事有机产品生产、加工者的名称、地址、联系方式。②生产单元/加工/经营场所概况。③申请认证的产品名称、品种、生产规模包括面积、产量、数量、加工量等,同一生产单元内非申请认证产品和非有机方式生产的产品的基本信息。④过去三年的生产历史情况说明材料,如植物生产的病虫草害防治、投入品使用及收获等农事活动描述;野生采集情况的描述;畜禽养殖、水产养殖的饲养方法、疾病防治、投入品使用、动物运输和屠宰等情况的描述。⑤申请和获得其他认证的情况。

(3)产地(基地)区域范围描述,包括地理位置坐标、地块分布、缓冲带及产地周围临近地块的使用情况;加工场所周边环境描述、厂区平面图、工艺流程图等。

(4)管理手册和操作规程。

(5)本年度有机产品生产、加工、经营计划,上一年度有机产品销售量与销售额(适用时)等。

(6)承诺守法诚信,接受认证机构、认证监管等行政执法部门的监督和检查,保证提供材料真实、执行有机产品标准和有机产品认证实施规则相关要求的声明。

(7)有机转换计划(适用时)。

(8)其他。

(四)申请材料的审查

对符合要求的认证委托人,认证机构应根据有机产品认证依据、程序等要求,在10个工作日内对提交的申请文件和资料进行审查并做出是否受理的决定,保存审查记录。审查要求如下:

(1)认证要求规定明确,并形成文件和得到理解。

(2)认证机构和认证委托人之间在理解上的差异得到解决。

(3)对于申请的认证范围,认证委托人的工作场所和任何特殊要求,认证机构均有能力开展认证服务。

申请材料齐全、符合要求的,予以受理认证申请;对不予受理的,应书面通知认证委托人,并说明理由。认证机构可采取必要措施帮助认证委托人及直接进行有机产品生产、加工、经营者进行技术标准培训,使其正确理解和执行标准要求。

(五)现场检查

检查过程至少应包括以下内容:

(1)对生产、加工过程、产品和场所的检查,如生产单元有非有机生产、加工或经营时,也应关注其对有机生产、加工或经营的可能影响及控制措施。

（2）对生产、加工、经营管理人员，内部检查员，操作者进行访谈。

（3）对 GB/T 19630 所规定的管理体系文件与记录进行审核。

（4）对认证产品的产量与销售量进行衡算。

（5）对产品追溯体系、认证标识和销售证的使用管理进行验证。

（6）对内部检查和持续改进进行评估。

（7）对产地和生产加工环境质量状况进行确认.评估对有机生产、加工的潜在污染风险。

（8）采集必要的样品。

（9）对上一年度提出的不符合项采取的纠正和纠正措施进行验证（适用时）。

检查组在结束检查前，应对检查情况进行总结，向受检查方和认证委托人确认检查发现的不符合项。

现场检查包括样品检测、对产地环境质量状况的检查、对有机转换的检查、对投入品的检查。

（六）认证决定

（1）认证机构应在现场检查、产地环境质量和产品检测结果综合评估的基础上做出认证决定，同时考虑产品生产、加工、经营特点，认证委托人及其相关方管理体系的有效性，当地农兽药使用、环境保护、区域性社会或认证委托人质量诚信状况等情况。

（2）对符合以下要求的认证委托人，认证机构应颁发认证证书。

第一，生产、加工或经营活动、管理体系及其他检查证据符合本规则和认证标准的要求。

第二，生产、加工或经营活动、管理体系及其他检查证据虽不完全符合本规则和认证依据标准的要求，但认证委托人已经在规定的期限内完成了不符合项纠正和/或纠正措施，并通过认证机构验证。

（3）认证委托人的生产、加工或经营活动存在提供虚假信息的，不诚信、未建立管理体系或建立的管理体系未有效实施的，列入国家信用信息严重失信主体相关名录的,生产、加工或经营过程使用了禁用物质或者受到禁用物质污染的等,认证机构不应批准认证。

(七)认证后管理

认证机构应每年对获证组织至少安排一次获证后的现场检查。认证机构应根据获证产品种类和风险,生产企业管理体系的有效性,当地质量安全、诚信水平总体情况等,科学确定现场检查频次及项目。同一认证的品种在证书有效期内如有多个生产季的,则至少需要安排一次获证后的现场检查。

认证机构应在风险评估的基础上每年至少对5%的获证组织实施一次不通知检查。实施不通知检查时,应在现场检查前.18小时内通知获证组织。

认证机构应及时了解和掌握获证组织变更信息,对获证组织实施有效跟踪,以保证其持续符合认证的要求。

(八)再认证

获证组织应至少在认证证书有效期结束前3个月向认证机构提出再认证申请。

获证组织的有机产品管理体系和生产、加工过程未发生变更时,认证机构可适当简化申请评审和文件评审程序。认证机构应在认证证书有效期内进行再认证检查。对超过3个月仍不能再认证的生产单位,应按初次认证实施。

(九)认证证书、认证标志的管理

有机产品认证采用统一的认证证书编号规则。认证机构在食品农产品系统中录入认证证书、检查组、检查报告、现场检查照片等方面相关信息后,经格式校验合格后,由系统自动赋予认证证书编号,认证机构不得自行编号。

(1)认证机构批准号中年份后的流水号:认证机构批准号的编号格式为"CNCA—R/RF 年份流水号",其中 R 表示内资认证机构,RF

表示外资认证机构,年份为4位阿拉伯数字,流水号是内资、外资分别流水编号。

内资认证机构认证证书编号为:该机构批准号的3位阿拉伯数字批准流水号;外资认证机构认证证书编号为:由该机构批准号的2位阿拉伯数字批准流水号。

(2)认证类型的英文简称:有机产品认证英文简称为OP。

(3)年份:采用年份的最后2位数字,例如2019年为19。

(4)流水号:为某认证机构在某个年份该认证类型的流水号,5位阿拉伯数字。

(5)子证书编号:如果某张证书有子证书,那么在母证书号后加"—"和子证书顺序的阿拉伯数字。

(6)其他:再认证时,证书号不变。

第三章 农产品质量安全生产技术

第一节 农产品质量安全生产的影响因素与要求

一、农产品安全生产的影响因素

环境污染如气候变化、生物种类减少、资源枯竭、臭氧层破坏等,已经严重影响食品资源的安全性。

(一)大气污染

大气污染物有很多种,如 SO_7、氯化剂、氟化物、汽车尾气、粉尘等。长时间生活在污染空气中的动植物会生长发育不良,或者引起疾病甚至死亡,这就对农产品的安全性产生了影响。如氟,不但会使污染区域的粮食蔬菜的食用安全性受到影响,而且氟化物会通过牧草进入食物链,从而使食品受到间接影响。

(二)水体污染

伴随着工农业生产的扩大和不断增长的城市人口,工业废水和生活污水的排放量越来越大,许多污染物随着污水排入河流、湖泊、海洋和地下水等水体,使水和水体底泥的理化性质及生物群落产生了改变,导致水体污染。水体污染给渔业和农业带来严重影响,不但使渔业资源被严重破坏,也直接或间接地阻碍农作物的生长发育,使农作物减产,同时会威胁农产品的质量安全。威胁农产品质量安全的水污染物有3种:无机有毒物,即各种重金属和氰化物、氟化物等;有机有毒物,主要包括苯酚、多环芳烃和各种人工合成的有机化合物等;病原体,主要包括生活污水、畜禽饲养场、医院等排放到水中的病毒、病菌和寄生虫等。

(三)土壤污染

土壤污染的方式和途径:首先是化肥、农药的使用和污水灌溉,污染物通过这些途径进入土壤,并逐渐累积;其次是土壤作为废弃物的处理场地,大量的有机和无机污染物质渗入土壤;最后是土壤作为环境要素之一,大气或水体中的污染物通过迁移和转化而对土壤造成污染,成为农产品质量安全的潜在威胁。

(四)放射性物质污染

农产品中放射性物质主要来源于天然和人工放射性物质。一般而言,放射性物质是以消化道为主要途径进入人体的(其中食物占94%~95%,饮用水占4%~5%),而以呼吸道和皮肤为途径进入人体的则比较少。但是在核试验和核工业发生泄漏事故而导致的核污染中,放射性物质不管是通过消化道、呼吸道和皮肤的哪一种途径都可以进入人体。这些放射性物质在进入人体内部后,继续发射多种射线,当放射性物质达到一定数量时,便可以危害人体。其危害性的大小因放射性物质的种类、人体差异、富集量等因素不同而有所差异,或引起恶性肿瘤,或引起白血病,或损坏人体的器官。

二、农产品安全生产要求

《中华人民共和国农产品安全质量法》在第十届全国人民代表大会常务委员会第二十一次会议被通过,这从法律上对农产品安全质量标准、生产、法律责任等方面做出了规定,从而为在根本上解决农产品的安全质量问题提供了法律依据,有助于管理农产品生产、销售行为和秩序,保障农产品的消费安全和广大人民群众的根本利益。

农产品产地是影响农产品安全质量的主要源头。所以,《中华人民共和国农产品安全质量法》对农产品产地管理进行了规定,确定了农产品产地安全管理制度,要求各级国家机关和农业行政主管部门改善产地生产环境,加强标准化生产示范区、动物无疫区和植物非疫区等基地建设,禁止在有毒有害物质超标的地区生产食用农产品和建立生产基地,也对禁止外源污染和防止农业内源污染做了规定。法律同时规定,农产品生产者应当合理使用化肥、农药、兽药、农用薄膜等化学产品,防止对农产品产地产生污染。

只有精心生产,才能够生产出优质的安全农产品。生产经营者只有严格按照规定的技术要求和操作规程进行农产品生产,有节制地使用符合国家标准的农药、兽药、肥料等化学产品,按时收获、捕捞和屠宰动植物及其产品,才可以生产出优质合格的农产品,也才能确保消费者的身体健康和生命安全。所以《中华人民共和国农产品安全质量法》规定组织化程度比较高的农产品生产企业和农民专业合作经济组织应该建立生产记录,包括农业投入品使用情况,疫病和病虫害防治情况等;农产品生产者应该按照法律、行政法规和相关部门的规定,适当使用农业投入品,对投入品使用间隔期和休药期的规定要严格遵守,以免危及农产品安全质量;严禁在农产品生产过程中使用国家明令禁止的农业投入品。

农产品多以鲜活产品为主,而且多为异地销售。为了保证消费者可以吃到安全优质的农产品,就有必要在包装、储存、运输过程中采取相应的保鲜防腐技术,这也是食品行业今后发展的必然趋势。因此《中华人民共和国农产品安全质量法》对此做了相关规定,要求农产品在包装、保鲜、储存、运输过程中使用的保鲜剂、防腐剂、添加剂等原料,必须符合国家强制性技术规范要求。同时,法律还确定了农产品标志管理制度,明确了无公害农产品标志和其他优质农产品标志受到法律保护,禁止冒用。

为实行农产品市场准入制度,《中华人民共和国农产品安全质量法》还严禁不符合法律法规要求和农产品安全质量标准的农产品上市销售,即有以下情形之一的农产品,不得销售。

一是含有国家禁止使用的农药、兽药或者其他化学物质的。

二是农药、兽药等化学物质残留或者含有的重金属等有毒有害物质不符合农产品安全质量标准的。

三是含有的致病性寄生虫、微生物或者生物毒素不符合农产品安全质量标准的。

四是使用的保鲜剂、防腐剂、添加剂等材料不符合国家有关强制性的技术规范的。

五是其他不符合农产品安全质量标准的。

第二节　无公害农产品生产技术

所谓无公害农产品生产,就是把先进实用的农业科学技术和先进的环境保护技术有机、科学地结合起来,建立环保和现代高科技相结合的农业技术体系。种植业指的是在耕地上种植农作物,如粮食、蔬菜、瓜果等。而无公害农产品的种植技术主要包括产地环境的选择技术、栽种技术、施肥技术和病虫害防治技术等。

一、无公害农产品种植技术

(一)种植基地环境选择技术

种植环境是无公害农产品生产的基础。无公害农产品生产基地环境的选择应该遵循《GB 18406.1—2001 农产品安全质量无公害蔬菜安全要求》《GB/T 18407.1—2001 农产品安全质量无公害蔬菜产地环境要求》等有关规定。农田空气环境质量、灌溉水质、农田土壤都应该遵循无公害农产品生产基地环境质量的相关标准。

无公害农产品种植基地一定要建立在生态环境良好,远离污染源，并且可以可持续生产的农业生产区域。产地内及上风向、灌溉水源上游没有对基地环境产生影响的污染源，包括工业"三废"、农业废物、医院污水和废弃物等；产地一定要绕开公路主干线；土壤重金属背景值高的区域，与土壤、水源环境相关的地方病高发区，都不可当作无公害农产品种植基地。种植区应该尽量建立在该作物的主产区、高产区和独特的生态区，基地土壤肥沃，适应性强。

对基地的种植布局要确保一定的群落多样性。在山坡种植，要在山顶、山脊、梯田间保留自然植被，禁止开垦或破坏，并种植相关植物以固土、保水、挡风；坡地种植要沿着等高线或者利用梯田进行种植。

(二)无公害农产品栽培技术

农作物无公害生产栽培技术的关键是无害化的健康栽培技术。

1.品种选择

农作物无公害生产栽培的品种，应该结合当地的自然条件、市场需求和优势区域规划进行选择。选择的品种除了质量好，产量高外，还应该对当地针对该作物的病虫害有一定的耐受性。

2.种子消毒

我们所说的种子泛指农作物的种植或繁殖材料，包括籽粒、果实和根、茎、芽、叶等。购买的种子应该符合相应的种子质量规定，外来的种子要有检疫合格证，自繁种子要符合《中华人民共和国种子法》的相关规定。对种子进行消毒，可以防止病虫害的传播流行，防止种子烂掉和秧苗枯萎病，有助于种子的发芽，防治储藏性、土传性病害等。消毒对于提高种子成活率、出苗整齐、帮助幼苗成长、减少育苗时间、提升苗木的产量和质量都十分有好处。消毒的方法，常见的有物理和化学两种方法。物理消毒法经常使用的有日光暴晒、紫外光照射、温汤浸种等方法。日光暴晒只适合那些在太阳照射下不容易减少发芽率的种子。温汤浸种一般水的温度为 $40\sim55℃$ 浸泡的时长为 1—24 小时，种子的类别不同，浸种温度和时间也不一样。对种子进行化学消毒经常使用杀菌剂、杀虫剂以及两种制剂互相混合使用。主要的操作方法是拌种和浸种。拌种时，药粉的使用量与种子重量的比例一般为 0.1%～0.5%，拌种时，把种子和药粉放在玻璃容器中，摇动 5—6 分钟，使药粉与种子充分混合均匀。浸种方法的优点是没有粉尘、药剂和种子接触比较好、药效比较显著，缺点是药剂的蒸气有毒，需要配备专门的防毒面具和专用设备。处理好的种子在密封的仓库或房间中储藏 24 小时后才能播种，而且浸过药剂的种子需要干燥。

3.培育健壮幼苗

育苗是农业种植中的重要工作。育苗移植是适应气候、节约利用土地和缩短成熟时间、提高产量的重要方法，也是预防和减轻病虫害的重要技术措施。育苗主要的方法有：苗床土壤消毒药物熏蒸法——就是把甲醛、溴甲烷等有熏蒸作用的药剂注入苗床土壤中，并在土壤表面用薄膜等覆盖物铺上，这样，药物产生的气体就在土壤中扩散，消灭病毒。土壤经过熏蒸后，等到药剂充分散发后就可以进行播种了。太阳能消毒——这种方法只适合高温季节，播种前把地翻平整好，用透明吸热薄膜在地上铺好，土壤的温度就可以达到 50～60℃，密闭 15—20 天，便可以消灭土壤中的各种病毒。毒土法——先用药剂和土搅拌成毒土，然后进行使用。如在整地后，每平方米苗床用 10 克杀毒矾拌细土 10 千克撒在地里，15 天后再整地。另外，施用石灰也是常见的方法。应用育苗盘或营养钵育苗并带土移栽。这种方法可以有效避免在移栽时对幼苗根的伤害，阻止土传病害的感染，另外还能够抢季节、节省人力。育苗嫁接要选择生命力旺盛、抗性强的砧木嫁接，防治土传病害。如为防治西瓜、冬瓜和黄瓜的枯萎病，以葫芦瓠作为砧木，西瓜、冬瓜或黄瓜作为接穗，采用顶插育苗，然后用遮阳网和防虫网进行保护，可以防止蚜虫。

4. 田间管理

每种植物的生长发育时间都是比较固定的,在特定的区域,有其最适合生长的时期。在最合适生长时期中,植物的生命力强、抗病性强,易实现优质高产的目标。如柑橘最佳栽植期为 2—3 月和 9—10 月,干湿季节鲜明的南亚热带气候类型区适合在雨季来临前种植;春天苹果苗木可以在发芽前种植,秋天可在落叶后种植;葡萄苗木从落叶之后到第二年春季萌芽前只要气温和土壤状况适合都可种植,我国北方冬季寒冷多在春天栽种,中部和南部冬季土壤不封冻,多在秋天栽种。蔬菜和大田作物播期在不同生态区域内有很大不同,有时受市场或当地不良气候的影响或者为躲避病虫害,播期会被调整。不合理的播期(定植期)会使植株生长衰弱,发生严重病虫害。按照不同植物品种的特点,做到合理密植,保持行间有良好的通透性、可以充分利用阳光、减少病虫害发生。在植株成长过程中可通过整形、修剪、引蔓等调整植株的生长,改变植株群体结构的生长环境。

(三)无公害农产品施肥技术

科学合理施肥是生产出优质高产农产品的保障,同时对于减少成本和维护农业环境的安全也有着很重要的作用。无公害农产品施肥技术包含肥料类型的选择、肥料用量的确定、施肥时间、施肥方式等。无公害农产品肥料施用时要注意以下几点:根据相关法规、标准的要求使用合格的肥料,使用的肥料应该以有机肥为主,化学肥料为辅;严禁把工业垃圾、医院垃圾以及未经处理的污水污泥、城市生活垃圾和人畜粪便等作为直接肥料;污水污泥、城市生活垃圾、粉煤灰和人畜粪便等经过充分腐熟,符合相关标准规定,才可以使用。

1. 肥料选择

在无公害农产品的生产中,建议推广使用腐熟后的农家有机肥和经配制加工的复混有机肥,对于化肥要合理使用。腐熟后的厩肥、绿肥、饼肥、植物秸秆可以当作基肥使用,沼气肥水、腐熟人畜粪经过安全处理后可以当作追肥，但叶菜不能使用。在施肥过程中要重视氮、磷、钾和微量元素的合理搭配，推广使用专用多元复合肥。对蔬菜施肥禁止偏施氮肥，不能在叶菜生产中使用硝态氮肥。城市生活垃圾经过安全化处理，其质量符合《GB 317287 城市垃圾农用控制标准》要求后才能够使用，但应该合理使用，在无公害蔬菜生产中每年黏性土壤的使用比例禁止超过 3000 千克/亩，沙性土壤不超 2000 千克/亩。符合《GB 428484 农用污泥中污染物控制标准》规定的河塘泥可以当作基肥使用。对于微生物肥料要大力倡导。

2. 肥料施用量的确定

肥料的使用多少应该依据土壤养分状况和植物生长及产量的需要来决定。一般的做法是在测土配方施肥的前提下，运用平衡施肥的方法来确定合理的施肥量。

施肥量太多或太少都会影响作物的产量、质量以及植物的健康生长，例如，施氮肥太少，植株生长受抑制，会减产；施氮肥过多，可能导致肥害，发生烧苗、植物枯萎等情况。土壤中有大量的氨或铵离子，一方面，氨经过挥发和空气中雾滴结合产生了碱性的小水珠，灼伤作物，使植物的叶子出现焦枯斑点；另一方面，铵离子很容易在旱土上硝化，在亚硝化细菌的作用下变成亚硝铵，在气化之后形成二氧化氮气体，这种气体会威胁到植株的健康，使植株的叶子上形成不规则水渍状斑块，叶脉间逐渐变白。除此以外，对某种肥料使用太多会阻碍到植物对其他养分的汲取。不科学的使用肥料还能够引起土壤理化性状恶化，如土壤板结，盐基离子大量积累而使土壤产生次生盐碱化，导致养分损失等。太多的肥料对环境、农产品和人类健康都具有潜在的威胁，如导致硝酸盐在植物体内积聚，化肥的养料被水体吸收后引起水体富营养化等。

3. 施肥时期

施肥的时间长短应该依据不同作物的营养生理特性、吸收肥料规律、土壤供肥能力等因素来确定。作物在成长发育过程中的植物营养临界期和营养最大效率期是作物施肥的两个关键时期。植物在营养临界期对于营养的需要并不太多,但却很重要,这一阶段,一旦缺乏营养植物生长就会被严重阻碍,过了这一时期,即便以后补施肥料也无法弥补造成的损失。作物的种类不同,它们的营养临界期也不完全一样,一般出现在植物生长的初期。植物在营养最大效率期对养分的要求,不管是在营养的量上还是吸收的效率上都是最高的,大多数植物的营养最大效率期在成长的中期出现,这也是植物生长最旺盛的时期。在这两个关键时期及时对作物施肥,是提高作物的质量和产量的根本保障。不同植物的植物营养临界期和营养最大效率期都不一样,一般植物营养临界期大多数出现在植物生长的初期,如冬小麦在三叶期,玉米在五叶期;而大部分作物营养最大效率期是在成长的中期出现的,如对于氮的最大效率期,玉米是从大喇叭口至抽雄初期,水稻在分蘖期,小麦是从拔节至抽穗期。

4. 施肥方法

在作物生长发育的过程中,大部分作物都需要经过基肥、种肥、追肥三个阶段才能够满足自身的营养需求。阶段不同,施肥的方法也不一样。

(1)基肥。基肥就是我们平时所说的底肥。在无公害作物的种植中,有机肥作为底肥在植物种植或移栽前结合土壤耕作使用,有机肥的施用量一般是总肥量的60%～70%,可以和化肥配合使用。有机肥的特点是分解慢、作用时间长,是迟效肥料,为了使肥效充分发挥和减少病虫害,需要经过堆沤处理后才能够使用,一般在种子或植株侧下方16—26厘米的地方施用。大田作物常见底肥的施用方法有撒施、条施、穴施、分层施肥等。果树的底肥施用方法较多使用放射状沟施、环状沟施、长方形沟施、全园撒施等。撒施是指在耕地之前,把有机肥均匀地撒在土壤中,然后用犁将其翻入土中。条施是指沿着植物种植行开沟施肥。穴施指的是先把肥料放入植物种植穴和土壤混合后,再播种(种植)的技术。分层施肥指的是结合深耕分别在土壤的不同层次施肥,以满足植物成长不同过程对营养的需要。果树施肥需要的肥量比较多,使用比较多的是沟施的方法,即把肥料施用在距树一定距离外,一般把树冠作为中心,向树干外围挖放射状直沟、环状沟或长方形沟,沟的长度和树冠一致,肥料施在沟中,然后覆土。

(2)种肥。种肥的使用是为了给处于幼苗阶段的作物提供必要的营养。一般的做法是在植物播种或定植时,把肥料施在种子旁边或与种子混合施用。常用速效性化肥或经过腐熟的有机肥料作种肥。施肥的主要方法有拌种、浸种、盖种。拌种是把肥料和种子搅拌均匀后直接播种。浸种是在不同浓度的肥料液体中对种子进行浸泡,浸泡一段时间后,捞出种子,然后晾干,播种。盖种是把有机肥或颜色较深、重量较轻的肥料和土混合在一起,然后覆盖在种子上。对种肥的不合理使用会引起烧种、烂种,种肥用量不能太多,因此,浓度太高、过酸、过碱或含有害物质的肥料和容易产生高温的肥料,都不能当作种肥。在土壤缺水时,不能使用种肥。除了浸种外,肥料和种子应该保持一定的距离,不能直接放在一起。

(3)追肥。追肥是在植物生长发育时期施用的肥料。追肥的主要肥料一般是速效性化肥,经过充分腐熟的有机肥料也可作为追肥,但要进行深施;微量元素通过根外追肥的方法施用效果比较显著。追肥的方法有撒施、条施、穴施、随水灌施、根外追肥等。对果树进行追肥则主要采用环状施肥或放射状施肥。

(四)无公害农产品病虫害防治技术

1. 基本原则

我国植保工作的总方针是"预防为主,综合防治",同时,这也是作物病虫害防治的基本原则。这个原则依据经济学和生态学,把有害生物当作自然生态系统的一个组成部分。有害生物和农作物在共同的环境下既相互依存也相互制约,在这种动态平衡中,有害生物不会自己消亡,也无法造成太大的作物损失,只有在自然系统不平衡时有害生物才可能猖獗一时,给作物带来严重的威胁。根据上述原理,在作物的生长过程中,我们必须从病虫害与环境及社会条件的整体观念出发,根据标本兼治、防重于治的指导思想,充分发挥自然因素的作用,因地制宜对病虫害采取环境治理、化学治理、生物防治或其他的有效手段,建立起一个系统的防治体系,将病虫害控制在最小为害范围内,使其对经济的影响减少到最小。

"预防"是作物病虫害防治中非常重要的一个环节,它有两方面的意思:一是通过检测措施防止危险性病虫害的传播和扩大,用于国外或国内局部地区发生的危险性病虫害;二是在病虫害尚未发生时采取措施,把病虫害消灭在萌芽阶段或初发阶段。"综合防治"作为防治工作的科学管理系统也有两个含义:一是防治对象的综合;二是防治措施的综合。防治对象综合的意思是同一个措施尽可能防治多种病虫害。防治措施综合指的是多种防治手段有机结合起来,把环境治理作为基础,依据病虫害的不同特征,采用相应的技术和方法,注重各种手段的增效性和互补性,提升整体防治效果,以获得最大的经济、社会和生态效益。

2.防治措施

科学合理地调整寄主、病原物和环境因素三者之间的关系,才能够取得良好的防治效果。对农作物病虫害综合治理的主要方法有:植物检疫、农业防治、生物防治、物理防治、化学防治。植物检疫是为了阻止危险性病、虫、杂草以及其他有害生物的传播,保障农业生产的安全以及出口贸易的发展,根据国家公布的法令和规定,对于农作物及其成品在调拨、运输和交易时,采取的一整套的检疫、检验措施。植物检疫是防治病虫害的特殊手段和方式。检疫针对的是对经济造成重大影响而又很难防治的,主要通过人为传播的,国内或地区内还没有发生或分布范围比较小的危险性病、虫、杂草等。环境因素和农业防治病虫害的发生、发展有着很紧密的联系。农业防治就是对农业生产过程中各种技术环节进行适当改造,建设有助于作物生长,阻止病虫大量繁殖的条件,以此来减少或者避免病虫害的发生以及为害。一些农业措施本身就可以有效消灭病虫害。农业防治包含抗病品种的选择、合理的耕作制度、科学的肥水条件以及强化田间管理等方面的措施。生物防治是运用对作物有益的生物及其产物来阻止疾病、害虫的生存或活动,从而降低病虫害的影响的防治方法。生物防治因其对环境无污染,对人畜安全,正在受到人们越来越多的重视和运用。生物防治包括以虫治虫、害虫天敌治虫、生物绝育治虫和基因工程防治病虫等。

物理防治是运用各种物理因素、人工或机械对病虫害进行防治的技术。物理防治运用比较容易,负面影响小,但人工或机械方法大部分比较落后,效率不高。化学防治是运用化学药剂对病虫害进行防治的技术,是当前最普遍使用的防治技术。化学防治具有收效快、防治效果明显、使用方便、受地区及季节性的影响较小、能够大范围使用、有利于实现机械化、防治对象广泛、试剂可以大批量生产等优点。但同时具备一些缺点,化学防治如果使用不合理,会对环境和农产品形成污染,而且长时间使用会加大作物抗药性。为了安全、经济、有效地运用化学防治,达到防治病虫害的效果,就一定要掌握病虫害的发生规律、特征特性、农药的基本知识,合理进行化学防治。

3. 病虫害防治技术

(1)农业综合防治。防治病虫害的主要方法之一就是种植抗病性强的作物,相较其他病虫害的防治方法,这种方法的优点是效果稳定、简单易行、经济、环保、有利于保持生态平衡等。统一规划布置和科学安排作物的轮作时间,能够减少病虫害的发生频率和来源。轮作对作物的健康成长非常有好处,可起到恶化病虫害营养条件的作用,这一方法对遏制单食性和寡食性害虫尤其有效,进行水旱轮作能够有效降低病虫害的发生。合理灌溉与施肥。科学灌溉和施肥能够提升作物的营养条件,提高作物的抗病性,而且可使受害植株迅速恢复健康。如对氮的过量使用,会增加食叶性害虫为害;在干燥的秋天经常浇水,可减轻蚜虫、螨类的为害。加强对产地的管理。对杂草和残枝败叶、病果等要及时进行清理,或者统一深埋销毁,从而破坏病虫害的栖身繁殖场所,切断传播途径。

(2)生物防治。生物防治法的优点是对人畜和农作物安全,对于天敌和有益的生物都没有为害,环保,效果持久。缺点是见效慢,作用范围比较小,容易受天气限制。生物防治的主要方式如下。①微生物的利用:比较常用的有对细菌、真菌、病毒和能分泌抗生物质的抗生菌的运用。如苏云金杆菌可以在害虫新陈代谢过程中分泌一种毒素,使害虫摄入后出现肠道麻痹,导致四肢瘫痪,无法进食,苏云金杆菌对于玉米螟、稻苞虫、棉铃虫、烟素虫、菜青虫均有很好的效果。有些细菌在进入害虫血腔后,开始大量繁殖,最终导致害虫死于败血症。②天敌的利用:运用寄生性天敌和捕食性天敌防治。害虫的天敌非常多,包含昆虫(寄生性和捕食性昆虫)、螨类(外寄生螨和捕食性螨)、蛙类、鸟类和微生物天敌资源等。③运用昆虫激素防治害虫:如保幼激素可以影响害虫的正常生长发育,性外激素可以影响害虫繁殖或对害虫进行诱杀,Bt乳剂可以导致昆虫无法繁殖,在防治食叶性害虫上,具有非常好的效果。

(3)物理防治。包括设施防护、人工机械捕杀、诱杀、驱避、晒种、温汤浸种、臭氧防治、喷洒无毒保护剂或保健剂等。设施防护就是用防虫网、遮阳网、塑料薄膜等对作物进行遮盖,对作物进行避雨、遮阳、防虫栽培,可以减少病虫害的发生。人工机械捕杀就是对病株、病叶、病果进行人工清除,可扒开被害株和附近土壤对害虫进行捕杀。诱杀与驱避如运用害虫的趋光性用灯光对害虫进行诱杀;此外,还有潜所诱杀,就是运用害虫选择一定条件潜伏的特性进行诱杀,如针对黏虫成虫喜欢在杨树上潜伏,可在一定范围内放置一些杨树枝条,诱其潜伏,集中捕食饵引杀就是把害虫喜欢的食物作为诱饵,引诱害虫,然后集中消灭。色板诱杀就是在棚室里安放涂有黏液或蜜液的黄色板引诱蚜虫、粉虱类害虫,让其粘到板上。驱避就是将银灰色的遮阳网安放在棚室上或是在产地中挂一些银灰色条状农膜,都可以达到驱逐蚜虫的作用。太阳能高温消毒、灭病灭虫。种植者经常使用的是高温闷棚或烤棚,在夏天休闲期间,对大棚进行覆盖然后密封,在晴天闷晒增温,这样最高温度可以达到60—70℃,闷棚5—7天,可以有效消灭土壤中的多种害虫。

晒种、温汤浸种。在播种和浸种催芽前先把种子晒2—3天,太阳的照射可以消灭种子上的病菌。茄、瓜、果类的种子用55℃温水浸泡5—10分钟,可以有效消灭细菌;用10%的盐水浸种10分钟,可以消灭芸豆、豆角种子里的菌核病残体和病菌。然后再对种子进行清洗,播种,可防菌核病,用这种方法对种子的线虫病也有很好的防治效果。臭氧防治,运用臭氧发生器防治病虫害。喷洒无毒保护剂或保健剂。用巴母兰400—500倍液对作物叶面进行喷洒可在叶子表面上形成高分子无毒酯膜,从而减少污染;对叶面喷施植物健生素可提高植株抗病虫害的能力,且安全环保。

(4)化学防治。化学防治的主要方法有种苗处理、土壤处理、植株喷药、烟雾熏蒸等。种苗处理就是用药剂对种子、苗木、插条、接穗等进行处理,消灭种苗内外的细菌、害虫,或对种苗施药以保护种苗不被病原物侵袭,主要的方式有拌种、浸种、闷种等。土壤处理就是把有挥发性或熏蒸作用的药剂施放在土壤中,以此消除土壤中的细菌和害虫,保护幼苗免受侵染,主要的方式有穴施、沟施、浇灌、毒土等,施药时间分为播前施用、播后施用、生长期施用等。最常用的施药方法是植株喷药,其中又分为喷雾与喷粉两种方法,施药时应严格按照说明配药,对于药品的种类、剂量、施药时间和频率要严格进行控制,防止药害和对作物的污染。烟雾熏蒸通常都是在大棚中进行,施药的时候应该对棚室进行密封,以增强药效,要注意不要产生明火,点燃后施药者要尽快离开,以免中毒。

(5)科学合理施用农药。

第一,药的选用。无公害种植中所使用的农药应当是无毒或者低毒、容易分解、对环境和农产品没有污染、高效、残留低、安全的农药。比较常见的无公害农药包括生物源农药、矿物源农药以及有机合成农药。生物源农药指的是直接运用生物活体或生物代谢过程中形成的具有生物活性的物质或从生物体提炼的物质作为防治病虫害或其他有害物质的农药。生物源农药又可以分成植物源农药、动物源农药和微生物源农药,如苏云金杆菌(Bt)、除虫菊素、楝素、阿维菌素等生物碱。矿物源农药是从矿物中提取有效成分的无机化合物的总称。主要包括硫制剂、铜制剂、磷化物,如硫酸铜、波尔多液等。在农药的施用中,有机合成农药是应用最广泛的,种类很多。毒性低、残留少及使用安全的有机合成农药是无公害农业生产中被允许使用的农药。无公害农业生产中禁止使用毒性强、残留多以及具有三致毒性(致癌、致畸、致突变)的农药,主要包括:六六六、滴滴涕、西力生等。

第二,对症下药。按照病虫害的特点选择适合的药剂种类和剂型。应该按照具体防治的病虫害选择适当的农药,不能仅用一个农药来防治所有的病虫害,也不能用一种除草剂来清除所有作物田里的杂草,更不能用除草剂来防治病虫害。如针对咀嚼式口器害虫,如鳞翅目害虫,施用的农药应该选择触杀、胃毒剂;针对刺吸式口器和钻蛀性害虫,适合施用内吸性药剂。美曲膦酯对防治小地老虎有很明显的效果,但对于蚜虫、螨类等防治效果却不大好;对蚜虫的防治要用乐果;杀虫双对于水稻螟虫有很好的效果,对于稻飞虱和叶蝉却作用不大,而异丙威(叶蝉散)对稻飞虱和稻叶蝉都有很好的防治作用,但对稻螟虫的效果不大好;丁草胺对于清除稻田的稗草效果明显,对阔叶杂草的作用不大,而苄嘧磺隆却对阔叶杂草效果很好,对稗草的作用比较小。

第三,适时用药。在防治的最佳时间段进行施药,可以用少量的农药达到较好的防治效果。因为害虫的习性和为害期不一样,所以对其进行防治的最佳时间段也各不相同,如对于烟青虫在幼虫 2—3 龄时施药的效果最好,随着幼虫的成长,抗药性也不断加强,施药量也只能随之增加。而当烟青虫进入果实里面,防治起来就更难了。如果施药的时间太早,因为农药的有效期是有限的,这就可能导致只消灭了先孵化的害虫,而后孵化的害虫却依然为害,最终只好再进行一次施药。再如用菊酯类药剂防治棉铃虫、红铃虫时,应该在卵孵化盛期,幼虫蛀入蕾、铃之前施药。幼虫一旦进入蕾、铃后再进行施药,效果就会很差。用代森锌防治麦类锈病应在发病初期开始施药,疾病发作后再施药效果就会很差,因为代森锌的作用是保护,没有治疗作用。适量施药。在使用农药时应该按照施药作物的种类、生育期、病虫害的发生量以及环境因素来决定农药的施用量。虫龄和杂草叶龄的不同,对农药的敏感性也会有所区别,对低龄幼虫的防治需要的施药量小,虫龄越大需要的施药量就越多;防治抗药性差的害虫施药量少,防治抗药性强的害虫施药量大;病、虫、草害发生的频率高时,用药量应该增多,发生的少,用药量就可以适当减少。此外,适宜的施药量还受到环境因素制约。如为了达到同样的效果,除草剂在土表干燥、有机质含量高的土壤中的使用量就要高于在湿润、有机质含量低的土壤里的使用量。单位面积的施药量因作物的大小不同而有所差别,单位面积的施药量应该依据作物植株的大小和发病的位置来决定,苗期的作物小,施药就少,成株期的作物大,施药就多。一般情况下,喷施的农药以叶片完全被药液覆盖,而又不下滴为佳。一定要严格按使用说明书对除草剂进行使用,不得任意加大或降低用药量,因为除草剂使用的太少,杀不死杂草;使用的太多,又可能威胁作物,甚至使作物死亡。

第四,避免产生药害,科学混用药剂。各种农药各有优缺点,两种以上农药配合使用,经常可以互补缺点,发挥所长,起到增效作用或兼治两种害虫的效果。但在配合使用时,要注意两种农药配合后是否会发生化学反应,使用不当也会降低药效,对农作物形成危害。

合理轮换用药,长期单一使用某一种农药,容易引起病、虫、草产生抗药性,或者杂草发生改变,影响药剂的效果。不同的农药配合使用,可防治或延缓病、虫、草抗药性的产生和杂草群落的改变,提升施药的效果。

第五,合理选择环境条件施药。施药效果的好坏受天气条件的影响,一般无风或微风的天气适合施药,不要在高温天气施药,以阴天或傍晚施药效果最好。

第六,采用正确的施药方法。施药的时候,应该按照不同农药的性质、防治对象和环境条件选择相对应的施药方法。如对于地下害虫的治理,可用拌种或制成毒土进行穴施或条施;甲草胺只能在土壤中使用,而不能对茎叶进行喷雾;而草甘膦只能用来进行茎叶喷雾,而无法在土壤中使用。药物的主要使用方法有喷粉法、颗粒撒施法、喷雾法、种苗处理法、熏蒸法等。喷粉法需要相关的仪器对药粉进行喷洒,这种方法药粉漂移损失的比较多。颗粒喷施法经常使用药剂粒径200—2000微米的固体制剂,施药时药料不会漂移损失,较为安全、省力。喷雾是利用压力或旋转离心力使药液呈雾状分散的喷洒技术,喷洒较均匀,使用手动式喷雾仪器时喷药量和喷雾细度经常受到操作熟练程度制约。对于防治种苗携带和土传病害,经常使用的技术是种苗处理法,主要的方法有拌种法、浸种法、包衣等。熏蒸法需要在密封的容器或空间中施用,熏蒸后应将药剂排放或稀释到安全浓度,之后人才可以进入。此外,还有灌根法、毒饵法、涂抹法等。

第七,保证施药质量。要求施药全面均匀,叶片正反面都要进行施药,尤其蚜虫、红蜘蛛等害虫经常寄生在叶片背面,施药不合理,效果就不好,更要杜绝丢行、漏株现象的发生。

二、无公害家禽生产技术

(一)饲养管理技术

1.鸡场环境

鸡场周边的环境、空气质量除了要符合 NY/T 388 标准,还需要满足以下的条件：鸡场周边 3 千米内没有大型化工厂、矿厂或其他畜牧场等污染源；鸡场和干线公路的距离应该在 1 千米以上，鸡场和村、镇居民点的距离也应该在 1 千米以上；在饮用水源、食品厂上游禁止建立鸡场。

2. 禽舍环境

鸡舍里面的温、湿度环境应该能够满足鸡不同阶段的需求，以减少鸡群发生疾病的危险。鸡舍空气中的有毒有害气体含量应该符合 NY/T 388 标准。鸡舍空气中的灰尘应该在 4 毫克/米^2 以下，微生物数量应该在 25 万/米^2 以下。

3. 场地布置

鸡场中的净道和污道要进行分离。要使用绿化带把鸡场的周边进行隔离。实行全进全出制度，至少每间鸡舍饲养同一日龄的同一批鸡。鸡场的生产区、生活区要隔离，小鸡、成年鸡要分开饲养。鸡场也应该有对于鸟类的防范设备。鸡舍地面和墙壁应该容易清洗，并对酸、碱等消毒药液具有耐受性。

4. 饲养条件

（1）水质要求。水质符合 NY 5027 标准，对于饮水设备要经常清理消毒，防止细菌滋生。

（2）饲料和饲料添加剂。使用的饲料要符合无公害标准。额外添加的维生素、矿物质添加剂要符合 NY 5042 标准。在饲料中不要额外添加增色剂，如砷制剂、铬制剂、蛋黄增色剂等。不要喂养不安全的饲料。

5. 兽药使用

在雏鸡、育成鸡前期为防治疾病使用的药品，应该符合 NY 5040 标准。在育成鸡后期（产蛋前）应该禁止用药，不同药品的停药时间的长短也不同，但至少应该保障产蛋开始时药物的残留量符合要求。一般情况下，产蛋阶段禁止使用任何药品，包括中草药和抗生素。如果产蛋阶段发生疾病需要使用药物时,从用药的开始和结束后的一段时期内(取决于所用药物,并符合无公害食品蛋鸡饲养用药规范)产的鸡蛋不能作为食品蛋出售。

6. 消毒制度

(1)环境消毒。鸡舍周边的环境每2—3周都要进行一次2010火碱液消毒或撒生石灰;每1—2个月用漂白粉对鸡场周边和鸡场里面的污水池、排粪坑、下水道口进行一次消毒。在鸡场门口设消毒池,使用2%火碱或煤酚皂溶液进行消毒。

(2)人员消毒。在进入鸡场前,工作人员要经过洗澡、换衣服和紫外线消毒等措施。

(3)鸡舍消毒。在进鸡或转群时要对鸡舍进行彻底地打扫清理,然后用高压水枪冲洗,再用0.1%的新洁尔灭(苯扎溴铵)或4%来苏水(甲苯酚)等消毒液对鸡舍进行全面的清洗,清洗完毕后关闭鸡舍用福尔马林(甲醛)熏蒸消毒。

(4)设备消毒。对蛋箱、蛋盘、饲料器等设备要按时进行消毒,可再用0.1%新洁尔灭(苯扎溴铵)或0.2%~0.5%过氧乙酸消毒,密闭鸡舍,然后用福尔马林(甲醛)熏蒸消毒半小时以上。

(5)带鸡消毒。按时进行带鸡消毒,有助于消灭鸡舍中的微生物和空气中的可吸入颗粒物。经常使用的消毒剂包括0.3%过氧乙酸、0.1%新洁尔灭(苯扎溴铵)、0.1%次氯酸钠等。带鸡消毒要求在没有鸡蛋的鸡舍中实施,防止鸡蛋被药液污染。

7. 饲养管理

(1)饲养员。工作人员应该按时进行身体检查,有传染病的人禁止从事养殖工作。

(2)加料。每次添加的饲料量要合理,尽量保持饲料的新鲜性,防止饲料变坏。

(3)饮水。饮水设备不要漏水,避免弄湿垫料和粪便。饮水设备要按时进行清洗和消毒。

(4)鸡蛋收集。存放鸡蛋的设备要经过消毒。工作人员集蛋前要对手进行消毒，集蛋时将破蛋、砂皮蛋、软蛋、过小、过大的鸡蛋独自存放，不作为食品蛋销售，但可用于蛋品加工。鸡蛋在鸡舍中存放的时间越短越好，从鸡蛋产出到在蛋库存放的时间禁止超过2小时。鸡蛋收集后立即用福尔马林(甲醛)进行熏蒸消毒，消毒后送到蛋库存放。鸡蛋的质量要符合蛋卫生 GB 2748 和鲜鸡蛋 SB/T 10277 标准。

(5)鸡蛋包装运输。鸡蛋的存放可以使用一次性纸蛋盘和塑料蛋盘。存放鸡蛋的用具在使用前应该进行消毒。纸蛋托盛放鸡蛋要使用纸箱包装，每箱 10 盘或 12 盘。纸箱可以多次循环利用，使用之前要用福尔马林(甲醛)熏蒸消毒。运送鸡蛋的设备要使用封闭货车和集装箱，鸡蛋不能直接暴露在空气中运输。在运送之前对于运送的车辆要进行彻底消毒。

(6)废弃物处理。鸡场垃圾经过无害化处理后可以当作农业用肥。处理的方式有堆积生物热和鸡粪干燥处理法。不能把无害化处理后的鸡场垃圾作为其他动物的饲料。孵化厂的副产品无精蛋禁止作为鲜蛋销售，可以当作加工用蛋。孵化厂的副产品死精蛋可以用来制作动物的饲料，但不能作为人们的食品加工用蛋。

(7)病、死鸡处理。对于死于传染病和因病被杀死的鸡，应该遵循 GB 16548 标准进行无害化处理。鸡场禁止销售病鸡、死鸡。有救治价值的病鸡要隔离饲养，由兽医进行治疗。

(8)资料。每批鸡都应当有齐全的记录资料。资料的内容应该包含引种、饲料、用药治疗等和饲养日记。资料保存期 2 年。

(二)饲料生产技术

1.饲料原料

饲料感官上应该具备一定的新鲜性，具备该品种应有的颜色、气味和组织形态特点,没有发霉、变坏和异味。有害物质和微生物的数量应符合 GB 13078 和相关标准的规定。饲料原料中如果加入饲料添加剂,应做相关的说明。应以玉米、豆饼粕作为蛋鸡的主要饲料。杂饼粕的使用量要合理,不要太多。禁止把制药工业副产品作为蛋鸡饲料原料。

2. 饲料添加剂

饲料添加剂在感官上具备该品种应有的色、嗅、味和组织形态特征,没有异味、有毒物质以及微生物数量应符合 GB 13078 及相关标准的规定。饲料中使用的营养性和一般性饲料添加剂应该是农业部公布的批准使用的饲料添加剂。使用的饲料添加剂要求是取得饲料添加剂产品生产许可证的企业生产的、拥有产品许可文号的产品。饲料添加剂的使用应该遵循产品饲料说明所规定的方法、用量使用。产蛋期和产蛋前的 5 个星期内禁止使用药物饲料添加剂(除有特殊规定的中草药外)。

3. 其他要求

严禁使用违禁药物和药物饲料添加剂。感官上颜色应该统一,没有霉变、起块和异味。有害物质和微生物数量应符合 GB 13078 和相关标准的规定。产品成分保证值应当符合标签和相关标准所规定的含量。使用时应根据产品饲料标签所规定的使用方法、用量进行使用。应该多使用植酸酶,少用无机磷。

4. 饲料加工过程

(1)卫生要求。饲料厂的工厂设计和设备卫生、工厂卫生和生产过程中的卫生应该符合 GB/T 16764 的标准。

(2)配料。按时对计量设备进行检查和正常维护,以确保其精确性和稳定性,其误差不能大于规定标准。微量和极微量组分应当进行预稀释,并且应在专门的配料室内进行。配料室进行专门管理,保持卫生整洁。

(3)混合。混合时间的长短应该根据仪器的性能,不少于规定的时间。混合工序投料应按照先多后少的原则进行。投入的微量组分应稀释到配料最大称量的5%以上。在生产药物饲料添加剂时,应该根据药物的种类,先生产低药物的饲料,再生产药物含量高的饲料。如果是在同一班次,不添加药物饲料添加剂的饲料应该优先生产,然后生产添加药物饲料添加剂的饲料。为了预防加入药物饲料添加剂的饲料在产品的生产过程中形成交叉污染,在生产包含不同药物添加剂的饲料产品时,应对相关的生产设备、工具、容器进行全面清理和消毒。

(4)留样。新接收的饲料原料和不同批次生产的饲料产品都应该对样品进行保存。样品密封后在专用样品室或样品柜中保存。样品室和样品柜应该保持凉爽、干燥,采样方法应该符合 GB/T 14699 的规定。留样应该配有标签,标明饲料种类、生产日期、批次、生产负责人和采样人等信息,并建立档案指派专人负责保管。样品应保留到该批产品保质期满后3个月。

(三)疾病防治

1. 疾病预防

(1)蛋鸡场卫生控制。蛋鸡场的地址、仪器设备、鸡场布局、环境卫生等都要符合 NY/T 5043 和 NY/T 388 标准的要求。蛋鸡场应当遵守"全进全出"原则,只从健康种鸡场引进鸡。在每批鸡出栏后,要对整个鸡场进行全面清理和消毒。蛋鸡场里的禽饮用水应符合 NY 5027 标准。蛋鸡饲养使用的饲料应当和 NY 5042 的规定相符合。蛋鸡场的消毒和无害化处理应符合 GB/T 16569 和 GB 16548 标准的要求。

(2)用药控制。在蛋鸡整个成长发育和产蛋过程中所采用的兽药、疫苗应该和 NY 5040 的标准一致,并按时进行监督检查。

(3)驱虫要求。每年春秋两季对整个鸡群进行驱虫,用药要符合

NY 5040 标准。

（4）工作人员管理。工作人员要按时进行健康检查，取得健康合格证后才可以上岗，在工作中要严格根据 NY/T 5043 的要求进行操作。

（5）免疫接种。蛋鸡场应依据《中华人民共和国动物防疫法》及其配套法规的规定，结合蛋鸡场的实际情况，对疫病的预防接种工作有选择地进行，并注意选择适合的疫苗、免疫程序和免疫方法。

（6）疫病监测。蛋鸡场应依照《中华人民共和国动物防疫法》及其配套法规的规定，结合蛋鸡场实际情况，制订疫病监测计划。对蛋鸡场疫病的常规监测最少应该包含：高致病性禽流感、鸡新城疫、禽白血病、禽结核病、鸡白痢与伤寒。除了以上的疾病外，还应该依据蛋鸡场实际情况，对其他一些必要的疾病进行监测。依据蛋鸡场的实际情况，由疫病监测机构定时或不定时进行疫病的监督抽查工作，并将抽查结果上报当地的畜牧兽医行政管理机构。

（7）疫病控制和扑杀。在蛋鸡场发生疫病或疑似疫病时，应该按照《中华人民共和国动物防疫法》规定及时采取以下措施：蛋鸡场中的兽医应该立即进行诊断，并尽快向当地畜牧兽医行政管理部门报告疾病情况。对于确认的高致病性禽流感，蛋鸡场应配合当地畜牧兽医管理机构，对鸡群实施严格隔离、扑杀；鸡新城疫、禽白病、禽结核病等疫病发作时，应该对鸡群实施清理和净化；对全场进行全面清洗消毒，病死或失去治疗价值的鸡要按 GB 16548 标准进行无害化处理，按 GB/T 16569 标准进行消毒。鸡蛋中不能检查出以下病原体：高致病性禽流感、大肠杆菌 O157、李氏杆菌、结核分枝杆菌、鸡白痢与伤寒沙门氏菌。没有通过检疫检验的病鸡所产的蛋应根据 GB 16548 的规定进行处理。

（8）资料记录。每群蛋鸡都应该有相对应的资料记录，记录的内容应该包含：鸡的种类、来源、饲料消耗量、生产水平、发病情况、死亡率及死亡原因、无害化处理、实验室检验及其结果、用药和疫苗免疫情况。所有记录应在清群后保存两年以上。

2. 疾病治疗

(1)药物使用原则。鸡的养殖环境应该符合 NY/T 388 标准。使用的饲料和用水应该和 NY 5042 及 NY 5027 标准符合。应该根据 NY/T 5043 的规定加强饲养管理，运用各种手段减少应激，提升鸡的免疫力水平。应该根据《中华人民共和国动物防疫法》和 NY 5041 的要求对鸡进行免疫，建立严格的生物安全体系，减少鸡的发病率和死亡率，努力降低化学药品和抗生素地使用量。鸡的疫病要以预防为主，必要时，经准确诊断后再用药。对疫病进行预防、诊断和治疗的过程中，所使用的药品必须符合《中华人民共和国兽药典》《中华人民共和国兽药规范》《兽药质量标准》《兽用生物制品质量标准》《进口兽药质量标准》和《饲料药物添加剂使用规定》的相关规定。所使用的药品必须产自拥有《兽药生产许可证》和产品批准文号的企业，或者具有《进口兽药许可证》的供应商。所使用药品的标签必须符合《兽药管理条例》的标准。

(2)禁用药。严禁使用有致畸、致癌、致突变作用的兽药；严禁使用长时间添加药物的饲料；严禁使用没有经过农业部允许的或者已经淘汰的兽药；严禁使用严重污染环境的兽药；对激素类和其他有激素作用及催眠镇静类药物要严禁使用；禁止使用没有经过国家畜牧兽医行政管理部门允许的利用基因工程方法制造的兽药。

(3)安全合理用药。①对鸡蛋的免疫必须使用与《兽用生物制品质量标准》和 NY 5041 标准相符的疫苗。②对饲养环境和仪器的消毒可以使用消毒防腐剂。但禁止使用酚类消毒剂，禁止在产蛋期使用醛类消毒剂。③《中华人民共和国兽药典》二部中规定的针对鸡的兽用中药材、中药成方制剂可以在兽医的指导下进行使用。但在产蛋期用药时应考虑残留性对鸡蛋的影响。④可以在兽医的指导下使用符合《中华人民共和国兽药典》《中华人民共和国兽药规范》《兽药质量标准》和《进口兽药质量标准》规定的常量、微量元素营养药、电解质补充药,维生素类药和助消化药。⑤可以使用国家兽药管理部门允许的微生态制剂。

(4)档案管理。①对无公害食品蛋鸡饲养使用兽药的全部过程都要有详细的记录。在清群以后,所有的记录都应该保存两年以上。②建立并保存免疫程序记录,包含疫苗类别、使用方法、数量、批号、生产单位。③建立并保存患病动物防治记录,包括发病时间和症状、防治过程、药物品种、使用方法、药物名称、治疗效果等。

三、无公害水产品的生产技术

无公害水产品的生产技术包含水产品生产过程中的一整套环节,是一个统一的整体。

(一)产地选择

水产养殖场应该建立在当地的渔业和养殖规划区域中,以及上风向和水源的上游,周围没有影响场地安全的污染源;工业"三废"及农业、城镇生活、医疗废弃物等污染源应该不能或者无法直接影响到产地的环境;建场以前的土地使用,重金属、杀虫剂和除草剂(特别是长效化学剂)的残留量等应当符合水产养殖的标准。

无公害水产品产地生态环境质量应符合无公害水产品、渔业用水质量、大气环境质量和渔业水域土壤环境质量等标准。无公害水产品使用水的质量应该和《NY 5051—2001 无公害食品淡水养殖水质》《NY 1050—2001 无公害食品海水养殖水质标准》的标准相符合。无公害水产品生产对大气环境质量制定了对总悬浮颗粒物(TSP)、二氧化硫(SO_2)、氮氧化物(NO)的限制值。针对渔业水域地环境质量中的重金属和农药的含量也做了相关规定。

(二)生产技术规范

无公害水产品生产技术规范包含的内容有饲料、药品、肥料的使用、生产过程的质量管理和包装的工艺等。无公害水产品生产过程中药品、饲料、肥料的使用是影响水产品质量的主要因素,错误地使用不但会严重破坏环境,还会引起水产品中的有毒物质残留量不符合标准。

1. 鱼药使用规范

对人体健康和生态环境没有威胁是鱼用药物使用的基本要求。"全面预防,积极治疗"是养殖过程中对病、虫害防治的基本指导思想。在病虫害的防治中,我们要重视"防重于治,防治结合"的原则。鱼药使用应该和国家有关部门的规定相符合。倡导使用高效、快速、长效以及安全、经济的鱼药。对于没有生产许可证、批准文号以及没有生产标准的鱼药要杜绝使用。鱼药的使用应该与《NY 5071—2002 无公害食品鱼用药物使用准则》的要求相符,对于毒性强、残留多或者具有"三致"(致癌、致畸、致变态)的鱼药禁止使用,严重破坏水域环境而又使其难以恢复的鱼药要严禁使用。禁止直接向养殖水域排放抗生素,禁止把新研制的人用药品作为鱼药的成分。严禁使用的鱼药有地虫硫磷、六六六、丙体六六六、毒杀芬、滴滴涕(DDT)等药品。

鱼药使用时应注意以下几个问题。

(1)对症下药。针对水产动物疾病和它们的特点,做到对症用药,杜绝滥用鱼药和盲目加大用药量、增多用药次数或加大用药时间。

(2)合理用药。对药物的性质和作用、药物对环境的影响以及鱼类对药物的反应特点有科学认识,合理使用药物。

(3)控制用药。为了保障水产品的质量和养殖场地良好的生态条件,对药物的用量应该进行控制。倡导生态综合治理和使用水产专用药、生物性鱼药等对病虫害进行治理。当前,经常被用在防治细菌、病毒性水产养殖动物疾病和改善水域环境的进行整池泼洒的鱼药有氧化钙(生石灰)、漂白粉、二氯异氰尿酸钠等。杀灭和控制寄生虫性原虫病的鱼药主要使用的有氯化钠(食盐)、硫酸铜、美曲膦酯等。用于内服的主要药品有土霉素、嗯喹酸、磺胺嘧啶和磺胺甲噁唑等。经常使用的中草药有大蒜、黄柏、五倍子、苦参等,中草药可以全池泼洒或者和饲料搅拌后一起内服。在稻田养殖无公害水产品的过程中对病、虫、草、鼠等有害生物的预防和治理要按照"预防为主、综合防治"的规则,对于化学农药要尽量少用,应该多用高效、低毒、残留少的农药,具体的使用标准应该参考《无公害食品稻田养色技术规范(NY 5055—2001)》《稻田养鱼技术规范(SC/T 1009—2006)》。在对稻田养殖使用药品前应该先升高稻田的水位,使用分片、隔日喷雾的施药方法,尽量避免药液落入水中,如果出现鱼类中毒倾向,要马上换水抢救。

2. 饲料使用规范

饲料是水产养殖的重要资料,为了保障水产品的质量,饲料的质量安全必须要给予足够的关注。我们所说的饲料安全,通常指的是饲料产品(包含饲料和饲料添加剂)中对水产养殖动物的健康没有损害,而且不包括污染水质的有害物质,不会影响人们的身体健康或对人类的生存环境没有不良影响。无公害水产养殖所用饲料应该和《GB 13078—2002 饲料卫生标准》以及《NY 5072—2002 无公害食品鱼用配合饲料安全限量》的规定相符。鱼用配合饲料的质量包含感官、物理指标、营养以及卫生四个指标,具体的要求是:感官上要求色泽统一,具有该饲料的固有气味,没有异味,没有发霉、变坏、结块等情况,没有鸟、鼠、虫污染,没有杂质。鳝、鳅、鳗鱼等食用的饲料经过加水搅拌后拥有很好的伸展性和黏弹性。物理指标粉料粒度:要求98%通过40目筛孔,80%通过60目筛孔。同时粉碎力度也是个重要指标,粒度过大,和胃液就不能很好接触,导致不容易消化,同时会影响到颗粒饲料的黏合性能,水稳定性差;但粒度太小,则会产生很多粉尘,破坏环境,加大耗电量,使生产成本升高。混合均匀度:对虾和一般鱼饲料的要求是≤10%,鳝、鳅、鳗鱼饲料要求在8%以下。没有均匀混合的饲料,会阻碍动物的成长,减弱饲料的效果,甚至可能导致死亡。水稳定性：鱼饲料在水中可经受3个小时的浸泡即可,饲料散失率要求小于3.0%。

营养指标主要指粗脂肪、必需脂肪酸、粗蛋白等养殖动物生长所需求的能量在饲料中的含量。卫生指标：饲料的卫生指标不但关系到动物的成长和饲料利用率,而且影响着人类的健康。威胁饲料质量的各种有害物质包括：有害微生物,如霉菌、沙门菌等致病菌；有毒重金属,如汞、铅等；有毒的有机物,如棉酚农药残留物等。

3.肥料使用规范

在养殖水体中使用肥料是提高水体生产能力的重要方法,但如果操作不当（如过量）就会造成对水体的污染,导致养殖水体的富营养化。肥料的种类可以分为有机肥和无机肥,肥料的使用应该以腐熟有机肥为主、化肥辅助,以基肥为主、追肥辅助。有机肥的分解比较慢,但肥力的效果也会持续很长时间,可以在水稻较长的生长阶段内对其提供必要的养分,同时投放的饲料可以作为鱼类天然饵料的一部分,满足鱼类生长需要。没有发酵的有机肥施入田地后要消耗大量氧气,同时产生硫化氢、有机酸等有害气体和物质,如果数量太多会威胁到鱼类的安全。允许使用的有机肥料包括：堆肥、沤肥、绿肥、发酵粪肥等；允许使用的无机肥料包括：尿素、硫酸铵、复合无机肥料等。肥料的使用方法和标准可以根据《中国池塘养鱼技术规范(SC/T 1016—1995)》的规定。

4.无公害水产品质量标准

无公害水产品质量要求包含水产品的感官指标、鲜度指标及安全卫生指标。安全卫生指标详细标准可以依据《NY 5073—2001 无公害食品水产品中有毒有害物质限量》和《NY 5070—2002 无公害食品水产品中鱼药残留限量》等规定。水产品在投入市场之前,应该进入休药期。一些常用药物的休药期为：漂白粉大于5周,二氯异氰尿酸钠、三氯异氰尿酸、二氧化氯大于10周等。

第三节 绿色农产品安全生产关键技术

一、绿色农产品生产种植技术

绿色农产品是按照特定的生产方式生产,经专门的机构认定许可使用绿色商品标志的无污染的安全优质食品,根据级别不同(如 A 级和 AA 级),生产种植过程中按照绿色农产品的标准,禁用或限制使用化学合成的农药、肥料、添加剂等生产资料及其他可能对人体健康和生态环境产生危害的物质,并实施"从土地到餐桌"全程质量控制。这也是绿色农产品工作运行方式中的重要部分,同时是绿色农产品质量标准的核心,是绿色农产品达到"安全、优质、营养"要求的保障。绿色农产品生产种植过程中,在各个环节通过严密监测、控制,防范农药残留、放射性物质、重金属、有害细菌等对食品生产各个环节的污染,以确保绿色农产品的洁净,做到产品内在品质优良,营养价值和卫生安全指标高,同时,包括外表包装达到相关标准。

绿色农产品生产既不同于现代农业生产,也不同于传统农业生产,而是综合运用现代农业的各种先进理论和科学技术,排除因高能量投入,大量使用化学物质带来的弊病,吸收传统农业中的农艺精华,使之有机结合成为新的生产方式。目前,我国种植业农产品及制品安全生产的主要影响因素来自四个方面:一是随着农业生产中化学肥料、化学农药等化学产品使用量的增加,一些有害的化学物质残留在农产中;二是工业废弃物污染农田,水源和大气,导致有害物质在农产品中聚集;三是绿色农产品生产、加工过程中,一些化学色素、化学添加不适当适用,使食品中有害物质增加;四是储存、加工不当导致的微生物污染。绿色农产品种植过程应严格执行产地环境标准、农药使用准则、肥料使用准则、包装通用准则等。

（一）绿色农产品种植环境的选择

绿色农产品生产基地的选择是指在绿色农产品（包括初级产品和产品原料）开发之初，通过对产地环境条件的调查研究和现场考察，并对产地环境质量现状做出合理判断的过程。绿色农产品产地是初级产品或原料的生长地，通过对生产基地的选择，可以全面地了解产地环境质量状况，可以减少许多不必要的环境监测，减轻生产企业的经济负担；为保护产地环境、改善产地环境质量提供资料。调研和现场考察的主要内容包括：自然环境特征调查，包括气象、地貌、土壤肥力、水文、植被等；基地内社会、人群及地方病调查；收集基地土壤、水体和大气的有关原始监测数据；农业生产及地上利用状况调查，包括农作物种植面积以及耕作制度，近3年来肥料、农药使用情况；产地及产地周围自然污染源、社会活动污染源调查。产地的生态环境质量状况是影响绿色农产品质量的基础因素。造成农业环境污染的主要原因是过量使用化肥、农药和生物污染三个方面，如果动植物生存环境受到污染，就会直接产生影响和危害。污染可通过大气、水体、土壤等转移（残留）至动植物体内，再通过食物链造成食物污染最终危害人体健康。所以，开发生产绿色农产品或原料产地必须符合绿色产品生态环境质量标准的要求。绿色农产品生产基地一般应选择在空气清新、水质纯净、土壤未受污染，具有良好农业生态环境的地区，尽量避开繁华都市、工业区和交通要道。边远地区、农村农业生态环境相对较好，是绿色农产品生产基地的首要选择。一部分城市郊区受城市污染较轻或未受污染，农业生态环境现状好，也是绿色农产品产地选择的理想区域。生产绿色农产品产地的空气、土壤、水质，应经过专门机构监测，必须符合农业部《绿色农产品产地环境技术条件》（NY/T 391—2000）。

1. 大气

大气环境中主要污染物有总悬浮微粒（TSP）、二氧化硫（SO_2）、氮氧化物、氟化物、一氧化碳(CO)和光化剂等。为此,要求产地及产地周围不得有大气污染源,如化工厂、垃圾堆放场、工矿废渣场等,特别是上风口没有污染源,大气环境质量要稳定,符合大气质量标准,即 AA 级绿色农产品要求 1 级清洁标准,其综合污染指数 $P<0.6$;A 级则要求 1—2 级清洁标准,其 $P=0.6—1.0$。绿色农产品产地空气中各项污染物含量不应超过所规定的含量值(除特殊规定外,空气环境质量的采样和分析方法根据 GB 3095 的 61.6.2.7 和 GB 9137 的 5.1 和 5.2 规定执行)。

2. 水

对水的要求:除了对水的数量有一定要求外,更重要的是对水环境质量的要求。应选择地表水、地下水质清洁无污的地区、水域,水域上游没有对该地区构成污染威胁的污染源。绿色农产品的产地应选择地表水、地下水水质清洁、无污染的地区。生产用水质量符合绿色农产品农田灌溉水环境质量指标。AA 级绿色农产品要求 1 级清洁标准,其 $P\leqslant0.5$ 级绿色农产品要求 1—2 级清洁标准,其 $P=5—1.0$。绿色农产品产地农田灌溉水中各项污染物含量限值:pH5.5—8.5,总汞、总镉、总砷、总铅、六价铬、氟化物含量限值分别为 0.001、0.005、0.05、0.1、0.1、2.0 毫克/升(采样和分析方法根据 GB 5084 的 6.2 和 6.3 规定执行)。灌溉菜园用的地表水需测粪大肠菌群,不得超过 10000(个/升),其他情况下不测粪大肠菌群。

3. 土壤

土壤污染有化学污染(垃圾、污水、畜禽加工厂、造纸厂、制革厂的废水)、生物污染(人、畜粪,医疗单位废弃物)、物理污染(施入土壤中的有机物质)、一些难降解的化学农药污染等方面。为此,绿色农产品生产前必须进行土壤环境监测。对产地土壤质量的要求是位于土壤元素背景值的正常区域,产地及周围无金属或非金属矿山,未受到人为污染,土壤中没有农药残留,特别是从未施用过 DDT 和六六六的地块,而且要求土壤具有较高土壤肥力。对土壤中某些有富物质元素自然本底值较高的地区,不宜作为绿色农产品产地。绿色农产品生产(包括 AA 级和 A 级)皆按 1 级清洁标准执行,≤0.7。目前,执行的 NY/T 391—2000 标准将土壤按耕作方式的不同分为旱田和水田两大类,每类又根据土壤 pH 的高低分 3 种情况,即 pH<6.5,pH=6.5—7.5,pH>7.5。

4. 土壤肥力

现行的绿色农产品产地环境质量标准土壤肥力作为参考标准。根据全国第二次土壤普查的结果,确定旱地、水田、园地、林地及牧地五类分级。绿色农产品的土壤质量参考这一分类方法,分为三级(Ⅰ级为优良、Ⅱ级为尚可、Ⅲ级为较差),适合于栽培作物土壤的评定,目的是通过调查生产土壤的能力等级使生产者了解土壤肥力状况,促进生产经营者增施有机肥,提高土壤肥力。生产 AA 级绿色农产品时,转化后的耕地土壤肥力要达到土壤肥力分级 1—2 级指标,生产 A 级绿色农产品时,土壤肥力作为参考指标,土壤肥力测定方法见 GB 7173、GB 7845、GB 7853、GB 7856、GB 7863。

5. 气候条件等其他条件

选择绿色农产品的生产种植环境时,还要充分考虑具体作物的气候条件要求。如绿色荔枝生产环境,必须满足如下气候条件:年平均气温 21~23℃,1 月平均温度 13~17℃,冬季绝对低温≥-1℃,年降水量 1500—2100 毫米,日照时数 1800—2100 小时,年霜日<150 天。冬季较少冷空气积聚,风害、霜冻为害较轻。此外,选择产地环境时,也要综合考虑其他因素如交通便利、水源充足、排灌方便、种植荔枝的山地、丘陵地坡度 150 以下等。

(二)绿色农产品生产的种子(苗)检疫及选择

不是所有种子(苗)都能用于绿色农产品生产。绿色农产品生产的特殊性要求绿色农产品种子(苗)是一类特殊的生产资料,绿色农产品种子（苗）也不等同于一般的良种（苗），良种（苗）是具有品质优、质量高、抗病虫、抗逆性强和适应广等优良特性，但具这些特性的种子（苗）未必都是适合于绿色农产品生产，如转基因品种良种（苗）虽然具有良种（苗）的特性，但由于安全性原因不能用作绿色农产品种子。

绿色农产品种子（苗）开发的目的是为绿色农产品生产提供优质、高产、杭病虫害、抗逆性强和适应性广，不携带任何严重病虫害源的优良种子（苗），以减少对环境条件、生产条件的依赖，从而减少使用或不使用化学农药，防止对环境的污染，切实保障绿色农产品生产的安全质量。种子、种苗的选择判断因作物不同而有具体的要求，总体目标是尽量做到优质性、适应性、丰产性、抗逆性相统一。具体应把握以下几点。

1. 品种健康安全

品种健康安全是绿色农产品种子（苗）的基本属性。一方面，种子（苗）内在基因不会对人类及生物链产生不良影响，如转基因种子就因其安全评价性因素，禁止应用于绿色农产品种子（苗）；另一方面，品种对周围环境，如大气、水域、土壤等安全，不会产生或携带有毒、有害气（物）体。品种具有较高的抗逆行，且自身不携带检疫对象和其他病虫害源。安全性还包括该物种不对当地植物群落的侵害。选用品种的综合抗性好，特别是对生产上易发生的主要病虫害抗性好，从而降低生产过程中的农药使用次数和使用量，保证产品食用安全且降低成本。

2. 品种品质优良

品种品质优良是绿色农产品种子（苗）的商品属性，包括加工品质、外观品质、蒸煮和食用品质、储藏品质达到优良标准。绿色农产品品种质量要优，能适应市场发展和人民生活需要，同时能带来较好效益。

3. 品种营养性好

品种营养性好是绿色农产品种子（苗）的营养属性，品种营养品质指种子中蛋白质、氨基酸及各种矿物质元素的高低。生产绿色农产品的宗旨是满足人类消费需要，因而品种必须具有高营养、高品质基因特征。

4. 品种依赖性强

品种依赖性强是绿色农产品种子的复合属性。绿色农产品种子（苗）依存于优良的生态环境，依存于绿色生产资料的互助，依存于优良种养技术的配套，这充分反映品种、资源、环境三要素密不可分的关系。

5. 良好的品种适应性

好的品种适应性是绿色农产品种子（苗）的生物属性，只有品种与环境的良好互作，才可具备高产、优质农产品的潜能。品种的生长期要能满足当地气候条件、茬口的要求，适应性好。

6. 品种应通过审定

绿色农产品生产所选用品种应是通过了审定的品种，至少应选用已进入中试或多点试验并具有一定的示范面积、综合性状表现好、有望通过审定的。如此类农产品品种确实没有相关审定程序，则应是经当地多年生产实践证实优良、稳定的品种。

例如，为了保证绿色农产品水稻的正常生产，用于绿色农产品水稻生产的种子，应严格按照粮食种子质量标准 GB 4044—1984 的水稻二级以上良种标准执行，即种子纯度不低于 98%，净度不低于 97%。发芽率：粳稻不低于 93%；籼稻不低于 85%。含水量：籼稻 13% 以下，粳稻 14.5% 以下。杂交水稻纯度不低于 97%.发芽率不低于 93%.含水量不高于 13%，杂草种子每千克不高于 5 粒。良种应进行精选、加工、包装，提倡使用包衣种子。

《绿色农产品生产资料证明商标管理办法》第八条中明确规定：

鼓励和引导绿色农产品企业和绿色农产品原料生产基地使用绿色农产品生产资料。绿色农产品种子(苗)是绿色农产品生产资料的主要要素之一,我们要加快发展绿色农产品种子种苗产业,为绿色农产品生产提供一批抗病虫害、抗逆性强、适应性广的优质种子种苗资源。主要措施包括以下几个方面。

(1)通过区域试验和生产试验,尽快选出大批良种,以满足绿色农产品生产的需要。目前,我国绿色农产品事业发展健康快速,急需选出大批优质的良种在绿色农产品生产中推广应用。

(2)加强科学研究,在选育优质农产品品种上有所突破。加强对优质农作物品种的研究,以满足绿色农产品国内外市场的需要。加快生产脱毒种苗和苗木以满足绿色农产品生产上的需要。

(3)对我国传统的竞争力强的农产品加以纯化和优化。如砀山梨、莱阳梨、水蜜桃、板栗、红小豆等中国传统农产品国际市场均有一定竞争力,需要进一步提高质量档次,打造成为绿色农产品名牌农产品。

(4)积极引进国外优良品种。对于国外一些优良品种如蔬菜、瓜果等,我国已引进不少好的品种,应当优中选优,进一步提高引进品种的纯度和水平。引进外国品种必须经过严格的检疫,必须注意其抗逆性和适应性,严禁选用转基因品种,谨防假冒伪劣品种。

(三)绿色农产品生产的肥料施用

1.绿色农产品生产肥料使用原则

肥料使用必须满足作物对营养元素的需要,使足够数量的有机物质返回土壤,以保持或增加土壤肥力及土壤生物活性。所有有机或无机(矿质)肥料尤其是富含氮的肥料应对环境和作物(营养、味道品质和植物抗性)不产生不良后果方可使用。

绿色农产品生产中肥料的使用原则是:保护和促进使用对象的生长及品质的提高;不造成使用对象生产和积累有害物质,不影响人体健康,对生态环境无不良影响。《绿色农产品肥料准则》规定允许使用的肥料有七大类 26 种,如 AA 级绿色农产品生产过程中,除可使用铜、铁、锰、锌、硼、钼等微量元素及硫酸钾、煅烧磷酸盐外,不准施用其他化学合成肥料。A 级绿色农产品生产过程中则允许使用部分化学合成肥料(但仍禁止使用硝态氮肥),以对环境和作物(营养、味道、品质和抗物抗性)不产生不良后果的方法使用。

2. 绿色农产品生产的肥料种类

为了确保绿色农产品的品质,必须合理选择和使用肥料,防止化肥对生产食品的污染。根据《中华人民共和国农业行业标准绿色农产品肥料使用准则》(NY/T 394—2000)规定,绿色农产品生产中可以使用肥料的种类包括农家肥料、商品肥料和其他肥料三大类。具体绿色农产品生产中肥料的使用要求如下。

AA 级绿色农产品生产允许使用的肥料种类包括:①上述的农家肥料;②经专门机构认定,符合绿色农产品生产要求,并正式推荐用于 AA 级和 A 级绿色农产品生产的生产资料肥料类产品;③在上述两项不能满足 AA 级绿色农产品生产需要的情况下,允许使用上述的商品肥料。

A 级绿色农产品生产允许使用的肥料种类包括:①所有可以生产 AA 级的肥料种类;②经专门机构认定,符合 A 级绿色农产品生产要求,并正式推荐用于 A 级绿色农产品生产的生产资料肥料产品;③在上述两项所列肥料不能满足 A 级绿色农产品生产需要的情况下,允许使用掺合肥(有机氮与无机氮之比不超过 1∶1)。所谓掺合肥,就是在有机肥、微生物肥、无机(矿质)肥、腐殖酸肥中按一定比例掺入化肥(硝态氮肥除外),并通过机械混合而成的肥料。

3. 绿色农产品生产中肥料使用准则

(1)必须选用 A 级绿色农产品生产允许使用的肥料种类,如不能够满足生产需要,允许按下列(2)和(3)的要求使用化学肥料(氮、磷、钾)。但禁止使用硝态氮。

(2)化肥必须与有机肥配合施用,有机氮与无机氮之比不超过1:1,例如,施优质厩肥1000千克加尿素10千克(厩肥作基肥,尿素可作基肥和追肥用)。对叶菜类最后一次追肥必须在收获前30天进行。

(3)化肥也可与有机肥、复合微生物肥配合施用。厩肥1000千克,加尿素5—10千克或磷酸二铵20千克,复合微生物肥料60千克(厩肥作基肥,尿素、磷酸二铵和微生物肥料作基肥和追肥用)。最后一次追肥必须在收获前30天进行。

(4)城市生活垃圾一定要经过无害化处理,质量达到GB 8172中1.1的技术要求才能使用。每年每公顷农田限制用量,黏性土壤不超过45000千克,沙性土壤不超过30000千克。

(5)秸秆还田的同时允许用少量化肥调节碳氮化。

(6)其他使用原则,与生产AA级绿色农产品的肥料使用原则相同。

4. 绿色食品生产中肥料使用的注意事项

(1)以施用有机肥为主。有机肥料对提高农产品质量有重要作用。首先是提高土壤肥力。土壤肥力指标是绿色农产品生产中土壤环境质量标准的重要组成部分。施用有机肥料是保持和提高土壤肥力的主要途径。有机肥料能够使土壤疏松、肥沃,促进作物健壮生长,增加抗病虫害等抗逆能力,达到优质和高产。其次是减轻土壤污染,土壤有机质能与重金属元素产生中和或螯合作用,吸附有机污染物,从而减轻对植物食品的为害。最后是能增加有机肥中的有机氮、磷、氨基酸、核酸,能明显增加作物蛋白质、糖、维生素以及芳香物质的含量,增加干物质比例,从而使食品品质、风味、耐储藏性提高,色泽、外观等明显改善。这种特殊作用是化肥所不能替代的。所以,绿色农产品生产中应尽量以施用有机肥为主。

应该指出的是,在我国现代高产优质农业中,每年每公顷施用有机肥75000千克（每亩5000千克）以上才能满足作物的需求，且对改善品质的作用明显。只有实行有机肥与化肥配合施用，才能取得优质高产的效果。

(2) 有机肥、农家肥必须进行无害化处理。开发和应用商品有机肥是有机肥料发展的一个新领域，适应市场经济需求，在产品质量上具有可靠性，可作为绿色农产品生产的主要肥料之一。目前，商品有机肥主要有三大类：①城市垃圾堆肥，主要分布于大城市，以解决城市垃圾污染为目的，实现垃圾肥料商品化，取得较好的综合效益。②活性有机肥料，以畜禽粪和农副产品加工下脚料为主要原料，经加入发酵微生物进行发酵脱水和无害化处理而成，是优质有机肥料。③腐殖酸、氨基酸类特种有机肥料，富含有机营养成分和植物生长调节剂，可制成液体肥料用于叶面喷施。绿色农产品生产应把握住有机肥无害化这一关，施用的有机肥料需进行无害化处理。施用未经无害化处理的有机肥料可能给食品带来的污染会比化肥更严重、更难预防。对可能受污染的，尤其是化学污染较重的有机肥禁止使用。化学污染是生活垃圾中有害物质含量超标的重要因素。主要来源于电池、电器、油漆、颜料添加剂中的有机污染物，城市垃圾、人畜粪便等有机废物含有大量的病原体，这些病毒在土壤中存活时间较长。据调查，花菜、黄瓜、扁豆及茄果蔬菜受大肠杆菌污染较重，马铃薯、笋、萝卜、葱、白菜受寄生虫卵污染较重。

生产绿色农产品的农家肥料无论采用何种原料（包括人畜禽粪尿、秸秆、杂草、泥炭等）制作堆肥，必须高温堆肥发酵，以杀灭各种寄生虫卵和病原菌、杂草种子，使之达到无公害化卫生标准。高温堆肥处理，温度在50～55℃处理18天，大肠菌值降到10^{-1}，蛔虫卵死亡率达到100%，各种蝇蛆、蛹，成虫死亡率达到100%，能够达到有机肥无害化的标准。绿色农产品生产禁止"生粪下地"。农家肥料，原则上就地生产就地使用。外来农家肥料应确认符合要求后才能使用。

(3) 可适时限量使用化肥。如果有机肥不足，可适时适量施用符合规定的化肥。化肥能够补充土壤养分,平衡作物营养,从而促进生长,提高品质。作物从化肥中吸取的养分与从有机肥中吸取的同一种养分元素作用是完全一样的。

(4)平衡施肥。在绿色农产品生产中要重视平衡施肥技术。平衡施肥要做好"测土、配方、配肥、供肥和施肥技术指导"5个环节的工作。从根本上改变盲目施肥的习惯,有效控制氮肥的用量不至于造成嗜性吸收引起食品硝酸盐含量超标,使化肥的利用率由当前的30%提高到45%以上,节本增收的效果十分显著。生产中化肥必须与有机肥配合施用,努力做到配方施肥。根据作物特性适当增减某一成分,如甘薯是需钾量较大的作物,要注意增施钾肥,使 N、P、K 比例达到适宜的水平,确保甘薯的正常生长和安全生产。

(5)施用合格肥料。商品肥料及新型肥料必须通过国家有关部门的登记认证及生产许可,质量指标应达到国家有关标准的要求。因施肥造成土壤污染、水源污染,或影响农作物生长、国家产品达不到卫生标准时,要停止施用该肥料,并向专门管理机构报告,用其生产的肥料不能继续使用绿色农产品标志。

(四)绿色农产品生产农药的使用

1. 农药使用的原则

绿色农产品生产应从作物病虫草等整个生态系统出发,优先采用农业措施,通过选用抗病抗虫品种,非化学药剂种子处理,培育壮苗,加强栽培管理,中耕除草,秋季深翻晒土,清洁田园,轮作倒茬、间作套种等一系列措施,创造不利于病虫草害滋生和有利于各类天敌繁衍的环境条件,保持农业生态系统的平衡和生物多样化,起到防治病虫草害的作用,减少各种类病虫草害所造成的损失。农药使用只是在有害生物发生较严重,明显超出经济阈值时,才用应急防治措施。使用农药时,应遵循符合 AA 级或 A 级绿色农产品生产的《中华人民共和国农业行业标准绿色农产品农药使用准则》(NY/T 393—

2000)。

2.允许使用的农药

绿色农产品生产中的病、虫、草害防治应尽量利用灯光、色彩诱杀害虫,机械和人工除草等措施,特殊情况下必须使用农药时,应从以下农药中选择合适的品种科学使用。

(1)生物源农药。直接利用生物活体或生物代谢过程中产生的具有生物活性的物质或从生物体提取的物质作为防治病虫害的农药,包括微生物源农药、活体微生物农药、动物源农药和植物源农药。

微生物源农药中,农用抗生素:防治真菌病的灭瘟素、春雷霉素(多氧霉素)、井冈霉素、农抗120、中生菌素等。防治类的浏阳霉素、华光霉素,活体微生物农药中,真菌剂:蜡蚧轮枝菌等,细菌剂:苏云金杆菌、蜡质芽孢杆菌等及抗菌剂。病毒:核多角体病毒。

动植源农药中,昆虫信息素(或昆虫外激素)如性信息素。活体制剂寄生性、捕食性的天敌动物。

植物源农药中,杀虫剂:除虫菊素酮、烟碱植物油等。杀菌剂:大蒜素。驱避剂:印楝素、川楝素。增效剂:芝麻素。

(2)矿物源农药。有效成分起源于矿物的无机化合物和石油类农药,包括无机杀螨杀菌剂和矿物油乳剂(如柴油乳剂等)无机杀螨杀菌包括硫制剂(硫悬浮剂、可湿性硫、石硫合剂等)、铜制剂(硫酸铜、王铜、氢氧化铜、波尔多液)等。

(3)有机合成农药。由有机化学工业生产的商品化的一类农药,包括中等毒和低毒类杀虫螨剂、杀菌剂、除草剂。

3.绿色农产品生产中禁用或限制使用的农药品种

(1)国家明令禁止使用的农药。六六六、(HCH)、滴滴涕(DDT)、毒杀、二溴氯丙烷、杀虫脒、二溴乙烷(EDB)、除草醚、艾氏剂、狄氏剂、汞制剂、砷铅类、敌枯双、氟乙酰胺、甘氟、毒鼠强、氟乙酸钠、毒鼠硅、甲胺磷、甲基对硫磷、对硫磷、久效磷、磷胺。

(2)不得使用和限制使用的农药。甲基异柳磷、特丁硫磷、甲基硫环磷、治螟磷、内吸磷、克百威（呋喃丹）、涕灭威、灭线磷、硫环磷、蝇毒磷、地虫硫磷、氯唑磷、苯线磷等高毒农药不得用于蔬菜、果树、茶叶、中草药材上。三氯杀螨醇、氰戊菊酯不得用于茶树上。任何农药产品的使用都不得超出农药登记批准的使用范围。

二、绿色农产品生产养殖技术

在现有的绿色农产品生产体系中，畜牧养殖业、水产养殖业和种植业是最重要的三大领域。发达国家的经济发展过程表明，随着人们生活水平的提高，人均占有畜禽产品和水产品的比例也在不断提高，因此，掌握绿色农产品生产中养殖管理原则具有重要现实意义。从产业链角度看，绿色农产品生产养殖是个系统化的生物工程，其主要技术既包括生产前的产地环境的选择、饲料原料的种植生产与加工，也包括养殖（饲养）管理、疫病控制、质量监测等生产环节的管理，还包括屠宰、冷却、冷冻，肉制品深加工、包装、运输和上市等属于生产后期的技术环节。实践证明，绿色农产品生产养殖的链条越完整，产品就越能出自"最佳的生态环境""从土地到餐桌全程的质量控制"越能得到充分的保障。

（一）产地环境调查

产地环境质量状况是影响绿色农产品质量的基础因素之一，绿色农产品生产养殖产地环境必须按照绿色农产品生产基地的标准进行建设与管理。中国绿色农产品发展中心编制了中华人民共和国农业行业标准——《绿色农产品产地环境调查、监测与评价导则》（NY/T 1054—2006），导则立足现实，兼顾长远，以科学性、准确性和可操作性为原则，规范绿色农产品产地环境质量现状调查、监测与评价的原则、内容和方法，科学、正确地评价绿色农产品地环境质量，为绿色农产品认证提供科学依据。产地环境现状调查的目的科学准确地了解产地环境质量现状，为优化监测布点提供科学依据。根据绿色农产品产地环境特点,重点调查产地环境质量现状、发展趋势和区域污染控制措施,兼顾产地自然环境、社会经济及工农业生产对产地环境质量的影响。

绿色农产品产地环境质量调查由省(市)绿色农产品委托管理机构负责组织对申报绿色农产品及其加工产品原料生产基地的农业自然环境概况、社会经济概况和环境质量状况进行综合现状调查,并确定布点采样方案。综合现状调查采取收集资料和现场调查两种方法。首先应收集有关资料,当这些资料不能满足要求时,再进行现场调查,如果监测对象能提供一年内有效的环境监测报告或续展产品的产地环境质量无变化,经省(市)绿色农产品委托管理机构确认,可以免去现场环境检测。

绿色农产品产地环境质量调查内容包括如下四个方面。

1. 自然环境与资源概况

自然环境与资源概况包括地理位置、地形地貌、地质等自然地理因素:所有区域的主要气候特征,年平均风速和主导风向、年平均气温、极端气温与月平均气温,年平均相对湿度,年平均降水量,降水天数,降水量极值,日照时数,主要天气特性等气候与气象因素;该区域地表水(河流、湖泊等)、水系、流域面积、水文特征、地下水资源总量及开发利用情况等水文状况,以及土壤类型、土壤肥力、土壤背景值、土地利用情况(耕地面积)等土地资源因素;林木植被覆盖率、植物资源、动物资源、鱼类资源等植被及生物资源,以及旱涝、风灾、冰雹、低温、病虫害等自然灾害。

2. 社会经济概况

社会经济概况包括行政区划、人口状况、工业布局、农田水利、农牧林渔业发展情况和工农业产值、农村能源结构情况等。

3. 工业"三废"及农业污染物对产地环境的影响

工业"三废"及农业污染物对产地环境的影响主要包括:工矿乡

镇村办企业污染源分布及"三废"处理情况；地表水、地下水、农田土壤、大气质量现状；农药、化肥、地膜等农用生产资料的使用情况及对农业环境的影响和危害。

4. 农业生态环境保护措施

农业生态环境保护措施主要包括污水处理、生态农业试点情况、农业自然资源合理利用等情况。

根据调查，应出具产地环境质量现状调查报告。报告主要应包括如下内容。产地基本情况；产地灌溉用水环境质量分析；区域环境空气质量分析；产地土壤环境质量分析；综合分析产地环境质量现状，确定优化布点监测方案；根据调查、了解、掌握的资料情况，对报告中产品及其原料生产基地的环境质量状况进行初步分析，出具调查分析报告，注明调查时间，调查人应签名。

（二）产地环境的选择

1. 地形、地势和场所

绿色农产品畜禽产品、水产品养殖基地的场地应根据养殖对象具体而定，如养殖鸡场应建在地势高、向阳的地方，远离沼泽湖洼，避开山坳谷底，通风良好，南向或偏东南向；地面平坦或稍有坡度，排水便利；地形开阔整齐。对养殖场地有一定的规模要求，如池塘养鳖，单个池塘面积以 2000—6000 平方米为宜，水深 2—2.5 米，池底淤泥不超过 20 厘米。开展绿色农产品级的鲢、鳜鱼养殖生产，最好选择在正常库容量 10 万—100 万立方米，集雨面积在 30 公顷以上的山塘或小中型水库中进行，同时要根据实际情况采用山塘养殖、水库养殖、围栏养殖或网箱养殖，并按专业要求设置和建设养殖场所，做好养殖前准备工作。

场址应远离居民区，有足够的卫生防疫间隔，不能建在屠宰厂、化工厂等容易造成环境污染企业的下风向和污水流经处、货物运输道路必经处或附近。场址选择应遵守社会公共卫生准则，其污物、污水不得成为周围社会环境的污染源。

2. 地质、土壤

一般畜禽养殖基地应避开断层、滑坡、塌陷和地下泥沼地段，要求土壤透气性和透水性强、质地均匀、抗压性强，以沙壤土类最为理想。土壤质量要求与绿色农产品生产种植基地土壤质量要求一致，均必须符合《绿色农产品产地环境技术条件》（NY/T 391—2000）的要求。

3. 气候、环境

场区所在地有较详细的气象资料，便于设计和组织生产。环境安静，具备绿化、美化条件。无噪声干扰，无污染。大气质量要求与绿色农产品生产种植基地土壤质量要求一致，均必须符合《绿色农产品产地环境技术条件》（NY/T 391—2000）的要求。

4. 水源、水质

水源充足，水质良好，无工业、生活污染源，进排水方便，能满足生产、生活和消防需要，各项指标参考生活饮用水要求。注意避免地面污水下渗污染水源。水源水质、底泥等产地环境应符合绿色农产品生产要求的规定。

水产养殖对水源质量要求较高，创造一个适合养殖的水产品生活的良好环境是生产优质水产品的前提，尤其是淡水养殖，如果达不到理想条件，则需要采取适当措施。主要措施包括消毒和种水草。

5. 池塘消毒

苗种放养前须先进行池塘修整和用药物清塘，清塘的主要目的是：一是杀死有害动物和野杂鱼，减少敌害和争食对象。二是疏松底土，改善底层通气条件，加速有机物转化为营养盐类，增加池水的肥度。三是杀死细菌、病原体、寄生虫及有害生物，减少病害的发生。四是清出的淤泥，既可作肥料，又可加深池塘的深度，晒干后的淤泥还可用于补堤。

第四节 有机农产品安全生产关键技术

一、有机农产品种植技术

(一)产地环境与选择

1.环境条件

有机农业生产需要在适宜的环境条件下进行。农业环境影响有机农产品的数量和质量。有机生产基地是有机农产品初级产品、加工产品、畜禽饲料的生长地,产地的生态环境条件是影响有机农产品的主要因素之一。因此,开发有机农产品,必须合理选择有机农产品产地。通过产地的选择,可以全面地、深入地了解产地及产地周围的环境质量状况,为建立有机农产品产地提供科学的决策依据,为有机农产品品质提供最基础的保障条件。

环境条件主要包括大气、水、土壤等环境因子,虽然有机农业不像绿色农产品有一整套对环境条件的要求和环境因子的质量评价指标,但作为有机农产品生产基地应选择空气清新、水质纯净、土壤未受污染或污染程度较轻,具有良好农业生态环境的地区;生产基地应避开繁华的都市、工业区和交通要道的中心,在周围不得有污染源,特别是上游或上风口不得有有害物质或有害气体排放,农田灌溉水、渔业水、畜禽饮用水和加工用水必须达到国家规定的相关标准。在水源或水源周围不得有污染源或潜在的污染源;土壤重金属的背景值位于正常区域,周围没有金属或非金属矿山,没有严重的农药残留、化肥、重金属的污染,同时,要求土壤有较高的土壤肥力和保持土壤肥力的有机肥源;有充足的劳动力从事有机农业的生产。

2.生态条件

农业生产基地除了具有良好的环境条件,基地的生态条件也是保证基地可持续发展的基础条件。

基地的土壤肥力及土壤检测结果分析：分析土壤的营养水平和有机农业的土壤培肥的措施。

基地周围的生态环境：植被的种类、分布、面积、生物群落的组成；建立与基地一体化的生态调控系统，增加天敌等自然因子对病虫害的控制和预防作用，减轻病虫害的危害和生产投入。

基地内的生态环境：地势、镶嵌植被、水土流失情况和保持措施。若存在水土流失，在实施水土保持措施时，选择对天敌有利，对害虫有害的植物，这样既起到水土保持的作用，又提高基地的生物多样性。

隔离带和农田林网建立：应充分明确隔离带的作用，建立隔离带并不是为了应付检查的需要，隔离带一方面起到与常规农业隔离的作用，避免在常规农田种植管理中施用的化肥和喷洒的农药渗入或漂移至有机田块，所以，隔离带的宽度建立应考虑周围作物的种类和作物生长季节的风向；另一方面隔离带是有机田块的标志，起到示范、宣传和教育的作用。所以，隔离带树种和类型的选择也应符合相应要求（多年还是1年生、乔木还是灌木、诱虫植物还是驱虫植物等）。

当地主要的作物轮作模式及作物的采收期：传统的种植模式已形成了当地的固有的生物组成，了解当地传统的种植模式，可以减少打破这一种植模式后害虫暴发的风险和预防措施，了解作物的种植期、收获期，为建立天敌的中介植物和越冬植物提供依据。

（二）种子、种苗的选择和处理

有机生产禁止使用化学合成的农药。虽然在栽培过程中不可避免地遭受到一些病虫害的侵袭，然而由于作物品种繁多，不同品种的作物对病虫害的抗性有很大差异，所以制订生产计划时应根据当地病虫害发生的有关资料，尽可能选择种植一些抗性较强的品种。另外，所选品种还需适应当地的土壤和气候特点，并且品种选择中应充分考虑保护作物的遗传多样性，避免大规模种植单一品种。

有机生产选择有机种子或种苗。当从市场上无法获得有机种子或种苗时可以选用未经禁用物质处理过(如化学包衣种子)的常规种子或种苗,但应制订获得有机种子和种苗的计划。种子质量应符合 GB 16715 的相关要求。

应用有机方式育苗,根据季节条件的不同选用日光温室塑料大棚、连栋温室、阳畦、温床等育苗设施,夏、秋季育苗还需配有防虫、遮阳设施,有条件的可采用穴盘育苗和工厂化育苗,并对育苗设施进行消毒处理,创造适合幼苗生长发育的环境条件。育苗基质应符合土壤培肥的肥料要求,因地制宜地选用无病虫源的田土、腐熟农家肥、草炭、糠灰等,按一定比例配制而成。良好的育苗要求孔隙度约 50%,pH6—7,速效磷 100 毫克/千克以上,速效钾 100 毫克/千克以上,速效氮 150 毫克/千克,疏松、保肥、保水、营养完全。

有机生产提倡培育健苗、壮苗和无病虫苗。

(三)土壤管理和施肥

1. 土壤培肥理论

有机农业论认为,土壤是个有生命的系统,施肥首先是肥沃了土壤,会增殖大量的微生物,再通过土壤微生物的作用供给作物养分;常规农业则是以大量的化肥来维持高产量。

一般认为,土壤化学性质的改善靠施肥,物理性质的改善靠深耕和施用有机肥,生物性质的改善靠有机物及微生物,而有机农业土壤培肥是以根系—微生物—土壤的关系为基础,进行综合考虑后,再采取措施,使二者的关系协调,通过综合性地改善土壤的物理、化学、生物学特性,使根系—微生物—土壤的关系协调化。

2. 有机农业培肥技术

(1)肥料种类。肥料种类的选择要求:有机化、多元化、无害化和低成本化。肥料的种类包括农家肥、矿物肥、绿肥和生物菌肥。

农家肥是有机农业生产的基础,适合小规模生产和分散经营模式;是综合利用能源的有效手段,是有机农业低成本投入的有效形式。可促进有机农业生产种植与养殖的有效结合。可实现低成本的良性物质循环。例如,以种植业为主的有机基地,将种植与养殖结合,既可以为作物和牧草提供优质的有机肥,又可将秸秆等废弃物得到综合利用。有机肥的种类很多,施用方法多样。

(2)土壤培肥技术。合理轮作、用地与养地结合是不断培育土壤实现有机农业持续发展的重要途径,关于有机农业土壤的综合培肥的实践应从以下几个方面入手。

第一,水。水是最宝贵的资源之一,也是土壤活跃的因素,只有合理地排灌才能有效地控制土壤水分,调节土壤的肥力状况。以水控肥是提高土壤水和灌溉水利用率的很有效的方法。根据具体情况,确定合理的灌溉方式,如喷灌、滴灌和渗灌(地下灌溉)等。

第二,肥料。肥料是作物的粮食,仅靠土壤自身的养分是不可能满足作物的需要的,因此,广辟肥源、增施肥料是解决作物需肥与土壤供肥矛盾以及培肥土壤的重要措施。首先要增施机肥,加速土壤熟化。一般来说,土壤的高度熟化是作物高产稳产的根本保证,而土壤的熟化主要是活土层的加厚以及有机肥的作用。有机肥是培肥熟化土壤的物质基础,有机、无机矿物源肥料相结合,既能满足作物对养分的需求,又能增加土壤的有机质含量和土壤的结构,是用养结合的有效途径。

第三,合理轮作。合理轮作,用养结合,并适当提高复种指数。复种指数的提高并不是越高越好,关键是要合理,合理地安排作物布局,能充分有效地维持和提高土壤肥力,用养结合是实现高产稳产的手段,也是提高土壤肥力的有效措施。如与豆科作物轮作,利用豆科的生物同氮作用增加土壤中氮素积累,为下茬或当茬作物提供更多的氮素营养。

第四,土地耕作。平整上地、精耕细作、蓄水保墒、通气调温是获取持续产量的必要条件。土地平整是高产土壤的重要条件,可以防止水土流失,提高土壤蓄水保墒能力,充分发挥水肥作用。地面平整还能保证排灌质量,协调土壤水气矛盾,保证作物正常生长;土壤耕作则是指对土壤进行耕地、耙地等农事操作,通过耕作可以改善土壤耕层和地面状况,为作物播种、出苗和健壮生长创造良好的土壤环境。同时,耕层的疏松还有利于根系发育以及保墒、保温、通气以及有机质和养料的转化。

总之,有机农业的土壤的培肥不是一朝一夕的事情,不仅要做到土壤水、肥、气、热等因子之间的相互协调,还要使这种协调关系持续不断地保持下去,才能达到持续稳产的目的。

(四)病虫草害控制

1. 病虫害草防治的基本原理

有机农业是一种完全或基本不用人工合成的化肥、农药、除草剂、生长调节剂的农业生产体系。要求在最大的范围内尽可能依靠作物轮作、抗虫品种,综合应用各种非化学手段控制作物病虫草害的发生。它要求每个有机农业生产者从作物病虫草等生态系统出发,综合应用各种农业的、生物的、物理的防治措施,创造不利于病、虫、草滋生和有利于各类自然天敌繁衍的生态环境,保证农业生态系统的平衡和生物多样化,减少各类病虫草害所造成的损失,逐步提高土地再利用能力。达到持续、稳定增产的目的。所以,有机农业与常规农业的根本点在于土壤培肥和病虫草害防治技术的不同。这样,从事有机农业生产,既可保护环境,减少各种人为的环境及食品污染,又可降低生产成本,提高经济效益。

常规农业病虫害防治的策略是治理重于预防(对症下药、合理用药),着眼点是作物——害虫,以害虫为核心,以药剂为主要手段,有机农业病虫害防治的策略是以预防为主,使作物在自然生长的条件下,依靠作物自身对外界不良环境的自然抵御能力提高抗病、虫的能力,人类的工作是如何培育健康的植物和创造良好的环境(根部、树冠和周围的环境条件),对害虫采取调控而不是消灭的"容忍哲学",有机农业允许使用的药物也只有在应急条件下才可以使用,而不是作为常规的预防措施。所以,建立不利于病虫害发生而有利于天敌繁衍增殖的环境条件是有机生产中病虫害防治的核心。

2. 植物病害防治技术

(1)植物病害的诊断技术。植物病害的诊断包括田间(宏观)诊断和室内(微观)诊断,田间诊断要特别注意观察病株的分布特点,然后仔细观察病株地上部和地下部各个器官,找出发病部位,必要时借助放大镜全面观察记载病状和病症,找准典型症状。在观察症状的同时,观察和了解建立地土壤的质地和性质、地形地势、周边环境、气候条件、栽培管理措施等,综合观察和了解的情况,根据发生特点,判断是传染性病害还是非传染性病害,当田间诊断不足以判断时,要结合室内的检查和分析来鉴定。

(2)植物病害的防治方法。

第一,植物检疫。植物检疫又称法规防治,就是利用立法和行政措施防止有害生物的人为传播,这是强制性和预防性的措施,是植物病害防治的第一道措施和防线。人为传播即随人类的生产和贸易活动而传播,其主要载体是被有害生物侵染或污染的种子、苗木、农产品包装材料和运输工具等,其中种子、苗木和无性繁殖材料尤为重要。

第二,农业措施。农业措施又称环境管理或栽培措施,就是在分析植物—病原—环境三者相互关系的基础上,运用各种农业调控措施,创造有利于植物生长发育而不利于病原繁殖的环境条件,压低病原数量,提高植物抗病性。

通过建立无病种子繁育基地或脱毒快繁基地生产和使用无病种子、无性繁殖材料或苗木,对种子传播的病害具有较好的防效。

合理的种植制度可以调节农田生态环境,改善土壤肥力和物理性质,从而有利于作物生长发育和有益微生物的繁衍,还可以减少病原物的存活。轮作是有机栽培最基本的要求和特性之一,轮作的原则要先根据病原物的寄主范围(病原物为害植物的种类)考虑轮作作物的种类,然后再根据病原物在土壤中存活的时间确定轮作的年限。合理的轮作可以使病原物因缺乏寄主(营养)而消亡,如用葫芦科以外的作物轮作 3 年能有效地防治瓜类镰刀菌枯萎病和炭疽病。实行水旱轮作,旱田改水田后病原菌在淹水条件下很快死亡,以缩短轮作周期,如防治茄子黄萎病和十字花科蔬菜菌核病需轮作 5—6 年,而改种水稻后只需 1 年。合理的间作对有些病害也有防治效果。

嫁接和胚轴切断法可以诱导植物提高抗病性。

改善立地条件,优化温度、湿度、光照、水、肥管理等均是有效的防病栽培措施。立地条件不仅是直接种植目标植物的土壤条件和地理环境,还包括周边环境,如不能有工厂等化学污染源,不能种植不适宜的植物,梨树周围有刺槐会加重炭疽病的发生,梨树和苹果周围有柏树会加重锈病的发生。合理调节温度、湿度、光照和气体组成等要素,创造不利于病原菌侵染和发病的生态条件,对于温室、塑料棚、日光温室、苗床等保护地病害防治和储藏期病害防治有重要意义,但需要根据不同病害的发病规律进行调节。水、肥管理与病害消长关系密切,氮肥过多会降低植物抗病性,因此,要注意氮、磷、钾的配合使用,平衡施肥。灌水过多会加快根病的发生。生长季节拔除病株,作物收获后彻底清除田间病残体,集中深埋或烧毁,保持田间卫生可以有效地减少越冬或越夏有害生物数量。

第三,生物防治。广义的生物防治是指利用除人以外的各种生物因素控制植物病害;狭义的生物防治仅指利用拮抗微生物防治植物病害。利用有益微生物进行的生物防治措施是通过调节植物的微生物环境来减少病原物接种体数量,降低病原物致病性和提高植物的抗病性,生物防治对于土传病害防治效果较好,当然也可用于防治叶部病害和采后病害。

生防菌可以产生抗菌物质,抑制或杀死病原菌;菌体也可直接与病菌有竞争作用(也称占位作用),即对植物体表面侵染位点的竞争和对营养物质、氧气和水分的竞争,通过竞争作用抑制病原菌的繁殖和侵染;生防菌及其代谢产物还可能诱导植物的抗病性。

植物病害的生物防治主要通过两条途径来进行:一是直接施用外源生防菌;二是调节环境条件使已有的有益微生物群体增长并表现拮抗活性。抗根癌菌剂(放射土壤杆菌)防治园艺植物根癌病是生物防治最经典的例子,它效果好,稳定性好。拮抗性木霉制剂处理作物种子或苗床,能有效控制由腐霉菌、疫霉菌、核盘菌、立枯丝核菌和小菌核菌侵染引起的根腐病和茎腐病。含酵母菌的2%氯化钙水溶液浸渍果实可以抑制苹果果实灰霉病、青霉病、柑橘果实绿霉病、青霉病和桃果实褐腐病。另外,也可以利用耕作和栽培措施调节土壤酸碱度和土壤物理性状来提高有益微生物抑制病害的能力,例如,酸性土壤有利于木霉菌的孢子萌发,增强对立枯丝核菌的抑制作用;而碱性土壤有利于生防菌荧光假单胞菌抑制病害的作用。

第四,物理防治。物理防治主要利用热力、冷冻、干燥、电磁波、超声波、核辐射、激光等手段抑制、钝化或杀死病原物,达到防治病害的目的。物理防治方法多用于处理种子、苗木及其他无性繁殖材料和土壤,核辐射也可用于处理食品和储藏期农产品,处理食品时需符合法定的安全卫生标准。

干热处理法主要用于蔬菜种子,对多种传病毒、细菌和真菌都有防治效果。例如,70℃干热处理2—3天黄瓜种子可防治绿斑花叶病毒。不同植物的种子其耐热性有差异,处理不当会降低发芽率。豆科作物种子耐热性弱,不宜干热处理。处理含水量高的种子应预先干燥,否则,会受害。

用热水处理种子和无性繁殖材料称为"温汤浸种",即利用植物材料与病原物耐热性的差异,选择适宜的水温和处理时间来杀死种子表面和内部传带的病原物而不损害植物。大粒豆类种子水浸容易吸胀脱皮,不宜于热水处理,宜用植物油、矿物油等代替水进行处理。

冷冻处理可以控制采后病害,虽然冷冻本身不能杀死病原物,但可以抑制病原物的生长和繁殖。另外,一些特殊颜色和物理性质的塑料薄膜也可用于防治蔬菜病。例如,蚜虫忌避银灰色和白色膜,因此,用银灰反光膜或白色尼龙纱覆盖苗床可以减少传毒介体蚜虫的数量,减轻病毒病害;夏季高温期铺设黑色地膜,吸收日光能,使土壤升温,可杀死土壤中多种病原菌。

3. 植物虫害防治技术

(1)种群数量监测技术。在有机农业病虫害防治中,并不是见到害虫就喷药,而是害虫的种群数量达到防治指标时,才采取直接的控制措施,实施这一措施的理论依据就是在正确理论指导下,应用正确的监测方法,对害虫的种群动态做出准确的预测。

包括利用害虫的趋性和直接取样调查法。利用趋性监测包括利用害虫的趋化性(信息素和食物)和趋光性。

用昆虫信息素监测和防治害虫。昆虫的信息素是由昆虫本身或其他有机体释放出一种或多种化学物质刺激、诱导和调节接受者的行为,最终的行为反应可有益于释放者或接受者。

(2)植物害虫的控制技术。

第一,农业防治。

消灭虫源。虫源是指害虫在侵入农田以前或虽已侵入农田但未扩散严重为害时的集中栖息场所。根据不同害虫的生活习性,可把害虫迁入农田为害的过程,分为3种情况:①害虫由越冬场所直接侵入农田(或在原农田内越冬)为害。采用越冬防治是消灭虫源的好办。②是当害虫已进入越冬期,可开展越冬期防治。③越冬害虫开始活动时先集中在某些寄主上取食或繁殖,然后再侵入农田为害。把它们消灭在春季繁殖"基地"。④害虫虽在农田内发生,但初期非常集中,且为害轻微,把它们消灭在初发期。

恶化害虫营养和繁殖条件。害虫取食不同品种的植物,对于同种植物的不同生育或同一植株的不同部位,常有较严格的选择。作物品种的形态结构不同可直接影响害虫取食、产卵和成活。研究害虫的口器和取食习性、产卵管和产卵习性及幼虫活动等。参照作物的形态结构,选育抗虫品种,从而为恶化害虫取食条件提供依据。

改变害虫与寄主植物的物候关系。许多农作物害虫严重危害农作物时,对作物的生育期都有一定的选择。改变物候关系的目的是使农作物易遭受虫害的危险生育期与害虫发生盛期错开,从而使农作物受害减轻。

环境因素的调控。害虫发生除与大气条件有关外,农田小气候的作用也十分明显。在稀植或作物生长较差的情况下,农田内温度增高而湿度相应下降,对适合在高温低湿条件下繁殖的蚜虫和红蜘蛛是十分有利的。而在作物生长旺盛和农田郁蔽度大的情况下,对一些适于在高湿条件下繁殖的棉铃虫、夜蛾是有利的。

切断食物链。害虫在不同季节、不同种类或不同生育期的植物上辗转为害,形成了一个食物链。如果食物链的每一个环节配合得很好,食料供应充沛,就可能猖獗发生。如采取人为措施,使其食物链某一个环节脱节,害虫发生就会受到抑制。

控制害虫蔓延。害虫的蔓延为害与其迁移扩散能力有关。对于迁飞能力很弱的害虫,则可通过农田的合理布局、间作和套作等以控制害虫相互蔓延为害。

第二,生物防治。

天敌昆虫的保护技术。①栖境的提供和保护。天敌昆虫的栖境包括越冬、产卵和躲避不良环境条件等生活场所。②提供食物。捕食性昆虫可以随着环境变化选择它们的捕食对象。它们在产卵前只需很少食物,因为幼虫(若虫)期已为生长发育积累了足够的营养。一方面,捕食性昆虫的捕食量与其体形大小有关;另一方面,与被捕食者的种群数量和营养质量有关。③庇护场所。提供良好的生态条件,不仅有利于天敌的栖息、取食和繁殖,同时有利于躲避不良的环境条件,如人类的田间活动,喷洒农药等。

天敌昆虫的自然增殖技术。通过生态系统的植物多样化种植为天敌昆虫提供适宜的环境条件，丰富的食物和种内、种间的化学信息联系，昆虫天敌在一个舒适的生活条件下，使自身的种群得到最大限度地增长和繁衍。

生态系统内的植被多样化技术。植被多样化是指在农田生态系统内或其周围种植与主栽作物有密切接或间接依存关系的植物，通过利用这化植物对环境中的生物因素进行综合调节，达到保护目标植物的目的，同时不对另外的生物及周围环境造成伤害的技术。它强调植物有害生物的治理措施由直接面对害虫转向通过伴生植物达到对目标植物与其有害生物和有益生物的动态平衡；强调有害生物的治理策略要充分利用自然生态平衡中生物间的依存关系，达到自然控制的目的。

天敌昆虫的释放技术。天敌昆虫的增强释放，是在害虫生活史中的关键时期，有计划地释放适当数量的饲养的昆虫天敌，发挥其自然控制的作用，从而限制害虫种群的发展。

赤眼蜂的释放技术。赤眼蜂的田间增强释放是一项科学性很强的应用技术，必须根据柞蚕和赤眼蜂的发育生物学和田间生态学原理，赤眼蜂在田间的扩散、分布规律、田间种群动态及害虫的发生规律等，来确定赤眼蜂的释放时间、释放次数、释放点和释放量。以做到适期放蜂、按时羽化出蜂，使释放后的赤眼蜂和害虫卵期相遇概率达 90% 以上，从而获得理想的效果。

天敌的招引和诱集技术。招引和助迁瓢虫。在自然情况下越冬的瓢虫，由于天敌和气候的影响会造成大量死亡。因此，在瓢虫越冬前进行人工招引是保护瓢虫安全越冬，积累大量虫源的积极措施。招引箱能招引瓢虫入箱越冬。利用天敌在产卵前需要补充营养的特性，通过蜜源植物、伴生植物、替代寄主和诱集素等诱集手段达到保护和增殖天敌的目的。

第三，害虫行为控制技术。昆虫对某些刺激源（如光波、气味灯）

的定向（趋向或躲避）运动，称为趋性。

按照刺激源的性质又可分为趋光性、趋化性等。

趋光性。昆虫易于感受可见光的短波部分，对紫外光中的一部分特别敏感。趋光性的原理就是利用昆虫的这种感光性能，设计制造出各种能发出昆虫喜好光波的灯具，配加一定的捕杀装置而达到诱杀或利用的目的。比如：①频振式杀虫灯。能够发出多数害虫较敏感的光波，诱虫效果良好。②黄板（黄盘）诱杀。许多害虫具有趋黄性。试验证明，人工将涂有颜色的黄板或黄盘悬挂，可以诱杀蚜虫、温室白粉虱、潜叶蝇等害虫。

趋化性。糖醋液诱杀。很多夜蛾类（特别是地老虎与黏虫）、叩头虫等对一些含有酸酒气味的物质有着特别的喜好。根据这种情况，很早就设计出许多诱虫液来预测和防治这些害虫。随着有机农业研究和实践的深入，诱虫液的成分和使用技术进一步得到了发展和提高，成为防治一些害虫的有力工具。

嗜食性。①植物诱杀。杨树枝把诱蛾。杨树枝把等由于含有某种特殊的化学物质，对棉铃虫有很好的诱集能力。②诱杀金龟子的植物。用有毒而又是某些害虫嗜食的植物作为伴生植物，诱杀害虫。③陷阱诱捕法：调查夜间在地面活动的害虫（如蝼蛄）或益虫（如步行虫）时，可以利用陷阱法。

激素诱杀用性诱剂防治，作用方式有两种：一种是利用性诱剂对雄蛾强烈的引诱作用扑杀雄蛾，这种方法称诱捕法；另一种是利用性信息素挥发的气体弥漫于棉田来迷惑雄蛾，使其无法正确找到田间雌蛾的位置。这种方法称为干扰交配法或称迷向防治。雄蛾的死亡或迷向，都会减少雌蛾交配率，抑制下代种群数量。

害虫驱避技术。植物受害不完全是被动的，它可利用其本身有些成分的变异性，对害虫产生自然抵御性，表现为杀死、忌避、拒食或抑制害虫正常生长发育。种类繁多的植物次生代谢产物，如挥发油、生物碱和其他一些化学物质，害虫不但不取食，反而避而远之，这就是忌避作用。例如,除虫菊、烟草、薄荷、大蒜等对蚜虫都有较强的忌避作用。在菜粉蝶羽化盛期,采用挥发薄荷气味驱避菜粉蝶在甘蓝上产卵。苦楝和苦楝油对多种害虫有拒避、拒食和抑制发育的作用。在甘蓝田行间种植莳萝,成功地防治了甘蓝蚜虫。三叶草是化蓝田最有效的除虫植物,在与三叶草相邻的花椰菜和卷心菜的植株上的害虫数量低,天敌昆虫(肉食性步行虫、隐翅虫、草蛉和瓢虫等)数量大。

利用菜青虫寡食性的弱点,在生产上避免大面积连片连茬种植甘蓝类作物,特别是避免夏季栽种甘蓝,切断菜青虫食物链,使其不能在全年世代接替。番茄与甘蓝间作,番茄散发拒避菜粉蝶产卵的番茄素,使菜粉蝶在甘蓝上的产卵量降低。

第四,物理防护技术。通过物理方法,隔离害虫,切断害虫迁入途径,从而达到保护植物、防治害虫的目的。

防虫网。夏、秋高温多雨季节生产有机蔬菜,多采用防虫网覆盖栽培蔬菜,不但能保证蔬菜产品的安全卫生,而且有促进蔬菜生长的作用。研究表明,防虫网覆盖能有效地抑制害虫的浸入和为害,如防虫网覆盖,对斜纹夜蛾、甜菜夜蛾的相对防效达 $80.9\%\sim100\%$。

水果套袋。果实套袋可以用最少的农药达到防治病虫害的目的,且因果实外有拒水袋的保护,农药无法与果实接触,可极大减少果实中的农药残留。有机农业禁止使用化学合成的农药,在有机水果生产中大力推广和使用水果套袋无疑是生产中最实用、最简单、最易操作的措施。

第五,药剂防治。

植物源杀虫剂。我国植物源农药资源十分丰富,有着开发植物源农药制剂的极为优越条件。在我国近 3 万种高等植物中,已查明有近千种植物含有杀虫活性物质。目前,常用的植物源杀虫剂包括:2.5%鱼藤乳油(鱼藤精),100%苦楝油原油,1%和 $S\%$除虫菊素乳剂或 3%除虫菊微囊悬浮剂,0.36%苦参碱醇制剂,0.6%的苦参碱水剂等。

微生物源杀虫剂。在实际应用中,主要包括微生物杀虫剂、微生物杀菌剂和微生物除草剂等,目前已经了解自然界中有1500种微生物或微生物的代谢物具有杀虫的活性。真正用于农林害虫防治的微生物很多,它们是细菌、真菌、病毒、原生动物等。

昆虫病原微生物依病原的不同可分为细菌、真菌、病毒和原生动物。其致病机制、杀虫范围各有不同:①细菌。细菌具有一定程度的广谱性,对鳞、鞘、直、双、膜翅目均有作用,特别是鳞翅目幼虫,具有短期、速效、高效的特点。②真菌。真菌寄主广泛,杀虫谱广。③病毒。病毒制剂杀虫范围广,对棉铃虫、松毛虫、美国白蛾、舞毒蛾等均有很好的防治效果且持久。④原生动物。某些线虫可防治鞘翅目、鳞翅目、膜翅目、双翅目、同翅目和缨翅目害虫,主要用于土壤处理,如用斯氏线虫防治桃小食心虫和树洞注射如防治行道树上的天牛。⑤微孢子虫可防治多种农业害虫。用麦麸做成毒饵或直接超低量喷雾于植物上,对草原蝗虫及东亚飞蝗的防治已取得显著效果,其累计面积达33.3万公顷以上。

矿物源杀虫剂。①矿物油乳剂:机油乳剂是用于防治果树害虫的矿物油之一。②无机硫制剂:包括硫黄粉、硫黄可湿性粉剂、硫悬浮剂和石硫合剂。

4. 杂草的防治技术

杂草是组成农田生态系统中的食物网链的重要环节,是食草动物类及昆虫的重要食物来源。作为农业生态系统中的初级生产者,杂草有益害之分,有些杂草是栽培植物病虫害的寄主和发源地,它们的存在会间接加重病虫对栽培植物的危害,还有些杂草则是害虫天敌的寄主,它们的存在可促进天敌生育,间接地减轻病虫对栽培植物的危害。因此,杂草防治实践上应尽可能保护和利用益草,杀除害草。

在有机农业生产中,禁止使用任何人工合成的除草剂,所以,杂草的防除应根据杂草与栽培作物间的相互依存、相互制约的关系,采取人工除草、栽培措施和生物防治方法。

(1)人工除草。人工除草是最传统、最实用的方法。

(2)栽培措施。根据杂草与作物间的竞争关系,通过调控植株行距、播种量、具体空间排列和不同措施的组合,建立作物与草的竞争平衡。通过缩小作物种植行距,可促使作物田埂早遮阴;高播量;推迟播种期、作物轮作、混作和覆盖等措施,抑制杂草的生长。

(3)生物防治。主要包括以虫治草、以菌治草、以草食动物等治草及以草治草。

二、有机畜禽技术

在有机农业系统中,动物福利和它们的个体生态(心理和行为)的需要理应受到人们的尊重,康乐应该是任何畜禽饲养系统的自然组成部分,欧洲动物保护协会对此做出了如下规定:需要为动物提供饲料、饮水、照明、温度和其他环境条件,根据它们的种类、品种、年龄、适应性变化和驯化程度,满足它们的生理学和行为学的需要。

此外,英国"家畜福利委员会"(Farm Animal Welfare Council,FAWC)宪章中也有关于动物的权力条款,其包括以下内容。

一是避免营养不良,日粮应该充分,在质量和数量两方面都能保证促进正常的健康和活力。

二是避免炎热或生理、心理的不适,环境应该不太热也不太冷,也不影响正常的休息和生命活动。

三是避免损伤和疾病。

四是自由的生活,以及社会可接受的行为方式,没有恐惧。

(一)饲养条件

在给予了充足的食物之后,对家畜福利影响最大的是畜舍建筑物的设计。集约化的畜禽养殖体系已经发展成了减少单位畜禽成本:投入和产出达到最大限度。但是这些系统很少关注畜禽的生活质量,忽视了许多动物个体生态特性。尽管奶牛、猪、蛋等在这些系统持续地使奶、肉和蛋的经济回报最大,但不能证明他们没有问题。对这个"畜禽养殖系统"的"动物福利"的讨论,人们普遍地认为,单从畜禽养殖来说,常规畜牧场没有一幢畜舍建筑或管理系统合乎动物福利的要求。

有机畜牧业与常规畜牧业有本质上的不同。在动物生产和健康保障方面,最主要的区别在于畜舍建筑,包括动物自由活动的空间,垫草的使用和良好的自然通风。禁止使用混凝土地板、石板(条板)。家畜放牧季节将自由接受牧草,虽然这样可能限制牛群和羊群的规模,但极大地满足了动物的行动需求。

尽管允许动物放牧,但粗放的放牧对动物和牧场都会造成损害。如果放牧的地方太小或环境不适合会引起许多动物的健康问题。如果动物没其他地方可去,猪在冬天能毁坏非常大的地面。家禽用它们的利爪只能在它们房舍周围找食物,因此,需要足够面积的自由活动土地。

(二)饲养场地

有机生产者必须为畜禽创建一个能保持其健康、满足其自然行为的生活条件。在适当的季节,应使所有畜禽都到户外自由运动,并提供足够面积的运动场。选择饲养场或运动场地时应保证动物在遮阳处、畜禽棚及其他活动场所能呼吸到新鲜空气,能得到充足的阳光,能达到动物生产所要求的适宜地点、气候及环境条件。

散养的家禽,应能够满足其自然的行为类型,需要充足的空间去展示自然的运动和呈现自然姿势,同时,还应有良好、舒适的环境、同伴和娱乐。

(三)饲养圈舍

设计畜(禽)舍应考虑动物福利和健康的基本原理。这并不意味着仅仅简单考虑畜舍本身,还应考虑促进个体生态的畜舍调控系统和动物的活动场所。

有机农场的畜舍系统是建立和谐的人和动物关系。农场建筑的设计和建设通常在专家指导下完成,专家具有足够的知识和信息。建筑物的设计应适合有机农场家畜的需要。必须取得足够的自然通风和户外自洁的潜力。厩舍的设计必须能够使每个动物在所有时间能随意采食和饮水。有足够的地方去运动和躺在铺有稻草的温暖又舒适的床上,也适合畜群组织和等级制度的建立,当家畜休息的地方被弄脏时,要容易更新、清除和恢复。要保证畜舍地板或泥浆通道容易被拖拉机清洁装置或机械铲清运走。

畜舍消毒是必需的,要适合家畜舒服和生产的需要。

预留隔离间的用途是当动物患病、生小牛或受伤害时使用。当小牛出生时,畜舍应能同时容纳小牛和母牛。总之,饲养环境(圈舍、围栏等)必须满足下列条件。

足够的活动空间和时间,畜禽运动场地可以有部分遮蔽;空气流通,自然光照充足,但应避免过度的太阳照射;保持适当的温度和湿度,避免受风、雨、雪等侵袭;足够的垫料;足够的饮水和饲料;不使用对人或畜禽的健康明显有害的建筑材料和设备。

(四)饲养密度

动物的饲养密度根据动物的种类和饲养方式的不同而不同。理想的情况是在占有的土地上生产的所有食物和纤维性饲料都被农场内的畜禽所消耗,提倡发展自我维持系统。GB/T 19630《有机产品》中尚未对饲养动物的密度提出具体的要求。

1. 散养动物的密度

放牧密度的标准因家畜类型、农场地形、生产制度、本地气候及其他环境因素而异。在农场中,放牧密度由牧场的载畜量而定,同时还需要考虑到粪便的排放和饲草的需要量。由于气候因素很难预测,再加上恶劣气候发生频繁,因此,在制定放养密度时要留有余地。

过度放牧会导致寄生虫增加,影响家畜健康,引发家畜疾病。考虑放牧密度不仅是动物福利的问题,而且是农场主必须考虑的环境福利问题。凡能对家畜造成污染和引起土壤退化、侵蚀的生产活动都是不合理的。

研究发现,在最适合放牧量(而不是最大放牧量)的情况下,家畜在集约化条件下的生产力小于自然条件下的生产力。这一事实经常被集约化养殖中单位空间的高生产力和因药物治疗而降低的疾病发生率所掩盖。

目前,欧盟等国家对动物的饲养密度有明确的规定,我国暂时还没有这方面的要求。但饲养企业应该根据动物的行为习性,为它们提供尽可能充足的饲养和活动面积。

2.圈养和笼养动物

对于牛、羊和猪等牲畜,根据其体形的大小,每头所占用的空间面积为1~10平方米,在这里提到的空间面积是指室内喂养时的净使用面积,而蛋鸡等家禽的密度则应相对增加,每平方米为6~20只,室外的运动面积一般不能低于室内的使用面积,企业可以根据实际情况自行决定。

(五)饲料和营养

有机养殖首先应以改善饲养环境、善待动物,加强饲养管理为主,应按照饲养标准配置日粮。饲料选择以新鲜、优质、无污染为原则。饲料配制应做到营养全面、各营养元素间相平衡。所使用的饲料和饲料添加剂必须符合有机标准要求。一般情况下,有机生产中动物饲料应尽量满足以下条件:饲料应满足牲畜各生长阶段的营养需求;饲料应保证质量,而不是追求最大产量;动物应自由取食,禁止强行喂食。

提倡使用本单位生产的饲料,条件不允许时,可使用其他遵守有机养殖规定的单位或企业生产的饲料。

三、有机水产品生产技术

(一)有机水产品的转换

向有机水产品转换是建立和发展有活力的、可持续的水产生态系统的过程。有机转换期是从有机管理开始到产品获得有机认证之间的时间。水产品生产品可以根据其生物学特性、采用的技术、地理条件、所有制形式以及时间跨度等因素,确定转换期长度。《有机产品》国家标准规定,封闭水体养殖场从常规养殖过渡到有机养殖,至少需要经过 12 个月的转换期。"所有引入的水生生物都必须至少在其后的 2/3 的养殖周期内采用有机方式养殖",野生或固定的水产生物可不需要转换期,但采集区域必须经过检查,其水质、饲料等都符合标准。

采集区域为水体可自由流动而且不受任何禁止物质影响的开阔水域。

(二)生产区域的位置及选择

虽然我国有辽阔的水产养殖区域,但由于近几年工农业的迅速发展,很多区域受到不同程度的污染,所以,确立和采集有机水产品水域时,应该特别注意其周围的环境与水体情况。

1.养殖区

养殖区应具备以下条件。

(1)水源充足,常年有足够的流量。

(2)水质符合国家《渔业水域水质标准》。

(3)附近无污染源(工业污染、生活污染),生态环境良好。

(4)池塘进排水方便。

(5)海水养殖区应选择潮流畅通、潮差大、盐度相对稳定的区域。养殖区注意不得近河口,以防污染物直接进入养殖区造成污染,或因洪水期受淡水冲击使盐度大幅下降,导致鱼虾的死亡。

(6)水温适宜,5—10月一般为15～30℃,其中,7—9月应为25～30℃,可根据不同养殖对象灵活掌握。

(7)交通方便,有利于水产品苗种、饲料、成品的运输。

2.采集区

根据保护周围的水环境和陆地环境的原则确定生产区域的位置。未受污染的、稳定的、可持续发展的区域可以确定为有机水产品采集区。采集区内可以采集野生、固定的生物。

(三)品种和育种

有机水产品除选择高产、高效益的品种外,还应考虑对疾病的抗御能力,尽量选择适应当地生态条件的优良品种。为了避免近亲繁殖和品种退化,有条件的有机水产养殖场应尽可能选用大江、大湖、大海的天然苗种作为养殖对象。

有机水产养殖人工育苗,应以"在尽可能的低投入条件下,获得具有较高生长速度的优质种苗"为宗旨。通常采用亲本培育和杂交制种的育种方法。在条件许可的情况下应该从有机系统中引入生物,但不允许使用三倍体生物和转基因品种。

(四)养殖清塘

苗种放养前须先进行池塘修整和用药物清塘,主要目的如下。

(1)杀死有害动物和野杂鱼,减少敌害和争食对象。

(2)疏松底土,改善土层通气条件,加速有机物转化为营养盐类,增加水体的肥度。

(3)杀死细菌、病原体、寄生虫及有害生物,减少病害的发生。

(4)清出淤泥,既可作肥料,又可加深池塘的深度,晒干后还可用于补堤。

清塘一般在收获后进行,先排干塘水,暴晒数日后挖出多余的淤泥,耕翻塘底,再暴晒数日,平整塘底,同时修补堤沟。放苗前7—15天用药物清塘。清塘药物的种类包括生石灰、茶粕、生石灰和茶粕混合物、漂白粉和巴豆等。

(五)营养种类和供应

1.营养种类

(1)蛋白质和氨基酸。蛋白质由多种氨基酸组成。按营养上的重要性,氨基酸分为必需氨基酸和非必需氨基酸两类。饲料中蛋白质的质量决定于必需氨基酸的含量和组成,但是,非必需氨基酸也有节约或替代部分必需氨基酸的功能,这种节约作用在配制饲料时应充分利用。

(2)脂肪。脂肪能够提供能源、必需脂肪酸并作为脂溶性维生素的媒介物。脂肪在鱼饲料中的含量为10%左右。脂肪的数量和质量对鱼类的健康和生长均起很大的作用。海水鱼类和冷水性鱼类对脂肪酸的要求较一般淡水鱼类更高。

(3)碳水化合物。碳水化合物是廉价能源。鱼类具有消化碳水化合物的酶类,因此碳水化合物能够作为鱼类的能源物质,具有节约蛋白质的功能。但是,鱼类利用碳水化合物的能力有限,不仅因种类而异,而且与饲料营养因素的平衡状况有关。一般冷水性和温水性鱼类饲料的适宜碳水化合物含量分别为20%和30%左右。

(4)矿物质。矿物质也称无机盐类,是鱼体的重要组成成分,对维持鱼体正常的内部环境,保持物质代谢的正常进行,以及保证各种组织和器官的正常活动是不可缺少的。鱼类所需的矿物元素主要有钙、磷、镁、钠、钾、氯、铁、铜、碘、锰、锌、硒等。

(5)维生素。维生素是动物生长发育必不可少的一类营养物质,缺少了它就会影响动物的生长发育。

2.营养供应

应该根据生物的营养需求平衡水产生物的饲料,水生生物的饲料应该含有100%的有机认证的材料或者野生饲料。如果没有足够的有机认证材料或野生饲料,可以允许最高5%的饲料来自常规系统。不适合人类消费的有机认证的加工副产品和野生海洋产品可以用作饲料配料。在需要饲料投入的系统内,至少50%的水产动物蛋白应来自不适合人类消费的加工副产品、下脚料或其他材料。只要矿物添加物质是天然形态,就允许使用。

饲养生物时允许天然的摄取行为,尽量减少食物流失到环境中。

在有机水产品生产中,下列产品不能作为添加剂或以其他任何形式提供给生物,它们包括:人工合成的生长促进剂和兴奋剂、人工合成的开胃剂、人工合成的抗氧化剂和防腐剂、人工合成的着色剂、尿素、从同种生物来的材料、用溶剂(如乙烷)提取的饲料、纯氨基酸、基因工程生物或产品、禁止任何形式处理的人粪尿。

在允许的条件下,应该使用天然的维生素、微量元素、细菌、真菌和酶,农产品加工业的废料(如糖蜜)植物产品作为水生生物的饲料添加剂。

(六)养殖对象的健康与疾病预防

因为水生生物大部分生活在水中,疾病既不易发现,又难以治疗,因此应以预防和防止传染为主。同时,由于疾病的发生与其本身的抗病力、病原的存在和不良的环境条件有着密切的关系,所以预防工作必须贯穿于养殖全过程。

应从各项技术管理措施和不同的环境条件出发,全面考虑病害的预防问题,其措施主要包括以下几个方面。

(1)抓好池塘的清淤、清池和药物消毒工作,这是防病的重要环节。

(2)实行苗种消毒,减少病原体的传播,控制放苗密度,掌握准确的投苗数量,为养成期的科学投饲管理打好基础。

(3)加强水质的监测和管理,坚持对养殖用水进行定期监测,包括水温、盐度、酸碱度、溶解氧、透明度、化学耗氧量、病原体等,发现问题及时采取防范措施。

(4)定期投喂植物源或矿物源的药饵,提高养殖对象的抗病能力。

（5）改革养殖方式和方法，开展生态防病，如稻田养鱼、养蟹、养蛙。虾鱼贝、虾藻混养和放养光合细菌等，净化和改善水质。

（6）加强疾病的检测工作，早发现早治疗，切断病菌的传播途径，以防蔓延。

有机水产品养殖的疾病防治用药应严格按照有机标准，禁止使用对人体和环境有害的化学物质、激素、抗生素；禁止使用预防性的药物和基因产品（包括疫苗），提倡使用中草药及其制剂、矿物源渔药、动物源药物及其提取物、疫苗及微生物制剂。

四、有机蜂产品生产技术

(一)转换及其转换期

蜂产品的生产同农产品、畜禽产品和水产品生产一样，要经过转化过程。虽然蜜蜂的采集活动介于人工和自然之间，但只有在完全遵守《有机产品》国家标准所要求的有机产品生产方法至少1年，其产品才能作为有机产品出售。在整个转换期内，人工蜂蜡必须被天然的蜂蜡所替代。

(二)品种

选择品种时，必须考虑其生存能力和对疾病抵抗是否能适应当地的环境条件，应当优先选择意大利蜂、中华蜜蜂及适合当地生态环境的品种。

(三)饲养场所

蜂场地要求背风向阳，地势高燥，不积水，小气候适宜。蜂场周围的小气候，直接影响蜜蜂的飞行、出勤、收工时间以及植物产生花蜜。西北面最好有院墙或密林；在山区，应选在山脚或山腰南向的坡地，背面有挡风屏障，前面地势开阔，阳光充足，场地中间有稀疏的小树。这样的场所，冬、春季可防寒风吹袭，夏季有小树遮阳，免遭烈日暴晒，是理想的建场地方。蜂场附近应有清洁的水源，若有长年流水不断的小溪，以供蜜蜂采水，则更为理想。蜂场前面不可紧靠水库、湖泊、大河，以免蜜蜂被大风刮入水中，蜂王交尾时容易溺水，这对蜜蜂的繁殖十分不利，是常规养殖经常忽略的问题。有些工厂排出的污水有毒，在污水源附近不可设置蜂场。蜂场的环境要求安静，没有牲畜打扰，没有振动。在工厂、铁路、牧场附近和可能受到山洪冲击或有塌方的地方不宜建立蜂场。在农药厂或农药仓库附近放蜂，容易引起蜜蜂中毒，也不宜建场。在糖厂或果脯厂附近放蜂，不仅影响工厂工作，还会引起蜜蜂伤亡损失。

一个蜂场放置的蜂群以不多于 50 群为宜，以保证蜂群有充足的蜜源，并减少蜜蜂疾病的传播。注意查清附近有无虫、兽敌害，以便采取相应的防护措施。

（四）饲养

蜂群一年要经过恢复时期、发展时期、强盛时期、秋季蜜蜂的更新时期和越冬时期。每个时期都有其相应的管理技术。

当极端的气候条件使蜜蜂难以存活时，可进行人工饲喂。应饲喂有机生产的，而且最好是来自同一有机生产的单位的蜂蜜；但当由于气候原因而引起蜂蜜结晶的时候，可以使用有机生产的糖浆或糖蜜来替代蜂蜜进行人工饲喂。并应如实记录人工饲喂的信息，包括产品类别、日期、数量和使用的地点。人工饲喂只能在最后一次收获蜂蜜后、下一次收获蜂蜜的 15 天前进行。

（五）疾病的预防和治疗

病毒、细菌、寄生虫引起的传染性蜜蜂病虫害对养蜂生产有很大的危害，应采取"预防为主，治疗为辅"的方针，选育和饲养抗病力强的蜂种、饲养强群。发生传染病要抓紧治疗，将蜂箱、巢脾、蜂具彻底消毒，消灭病源。

蜜蜂的致病病毒有 10 余种，所产生的疾病主要包括囊状幼虫病和麻痹病。细菌病有美洲幼虫腐臭病和欧洲幼虫腐臭病;真菌病有白垩病和黄曲霉病;寄生螨有大蜂螨和小蜂螨两种。

1.疾病预防

蜜蜂的疾病预防措施包括如下方面。

(1)选择相对健壮的品种。

(2)采取一定的措施来增强蜂群疾病的抵抗力,如定期换蜂王。

(3)对蜂箱进行系统的检查。

(4)定期更换蜂蜡。

(5)在蜂箱内保留足够的花粉和蜂蜜。

(6)材料和设施的定期消毒,销毁被污染的材料和设施。

蜂具消毒的办法包括:福尔马林消毒、食盐水消毒、冰醋酸消毒、漂白粉消毒、硫黄消毒、石灰消毒和氢氧化钠消毒。

2.疾病治疗

药品的使用应按照标准要求,优先使用光线疗法和顺式疗法性质的药品。在感染时,可以使用蚁酸、乳酸、醋酸、草酸、薄荷醇、麝香草酚、桉油精或樟脑。禁止使用化学合成药品进行疾病预防。

无论何时使用药品,都应详细记录如下内容:诊断的细节、药品的类型(包括主要成分)、剂量、用药的方法、治疗持续时间、停药时间。必要时,将其呈报给检疫机构或相关部门。

第四章

农产品电子商务运营的宏观环境

第一节 农村电子商务创业

一、农村电子商务创业机遇

创新创业是指基于技术创新、产品创新、品牌创新、服务创新、商业模式创新、管理创新、组织创新、市场创新、渠道创新等方面的某一点或几点创新而进行的创业活动。创新是创新创业的特质,创业是创新创业的目标。

(一)创新创业的主旋律

随着我国政府鼓励"大众创业、万众创新"("双创")政策的不断落实与推进,越来越多的人投身创业创新之中,催生了新供给,释放了新需求,成为经济稳增长的重要力量。通过分享、协作方式搞创业创新,门槛更低、成本更小、速度更快,这有利于拓展我国农村经济的新领域,让更多的人参与进来。"双创"也是收入分配模式的重大创新。千千万万人靠创业创新增收,更好地发挥了自己在国家建设与发展中的作用,初步探索了一条中国特色的众人创富、劳动致富之路,有利于形成合理的分配格局。"双创"是促进社会公正的有效途径。无论什么人,只要有意愿、有能力,都可以靠创业自立、凭创新出彩,都有平等的发展机会和社会上升通道,更好地体现尊严和价值。

在这个背景下,农村电子商务的创新创业发展成为激发农村经济活力的新引擎,是数字经济条件下解决"三农"问题的新思路,成为农村创新创业的新抓手。

(二)农村电子商务创业热潮

在互联网高速发展的今天,电子商务已经成为经济发展的新亮点,特别是在农村,电子商务也在蓬勃兴起。在国家一系列支农、惠农政策的作用下,农村电子商务的热潮正在不断涌现,中国农村正渐渐摆脱信息闭塞的桎梏,迎来全新的电子商务时代。

农村电子商务的快速发展,搭建了连接农业生产和市场需求的桥梁,成为推动农村经济发展、提高农民生活水平的重要推动力。发展农村电子商务,有利于促进大农村就业和创业,为农民生产生活带来极大便利和革命性变化。近年来,农村电子商务发展迅猛,如浙江等经济发达地区依托繁荣的市场和发达的物流,农村电子商务起步早、发展快,理念和模式比较成熟,配套服务也比较完善。

虽然热潮涌动,但对于农村电子商务创业者而言,也需要因地制宜、因时制宜、因人制宜、发挥优势,要善于突出自己的产业特色,充分挖掘农村的区位优势、独特资源、产业特色等有利条件,找准切入点和突破口,做好特色电子商务的"加法",同时也要在农村电子商务的浪潮下,牢牢掌握电子商务的新技术、新模式、新趋势,千方百计寻找农村经济在电子商务发展中的"风口",激发干劲、放宽眼界、拓宽思路,广泛汇聚各方面积极因素,形成发展农村电子商务的强大合力。

农村电子商务、农产品电子商务、农资电子商务、农业电子商务、淘宝、县域电子商务、电子商务乡村振兴、民宿电子商务、农旅电子商务等方面充满农村创业的机遇。

二、农村电子商务创业基础与形式

(一)农村电子商务创业基础

农村电子商务配合乡村连锁网点,以数字化、信息化的手段,通过集约化管理、市场化运作、成体系的跨区域、跨行业联合,构筑紧凑而有序的商业联合体,降低农村商业成本,扩大农村商业领域,使农民成为平台的最大获利者,使商家获得新的利润增长。

农村电子商务,通过网络平台嫁接各种服务于农村的资源,拓展农村信息服务业务、服务领域,使之兼而成为遍布县、镇、村的"三农"信息服务站。作为农村电子商务平台的实体终端直接扎根于农村,服务于"三农",真正使"三农"服务落地,使农民成为平台的最大受益者。

农村电子商务的迅速发展,有力推动了农业结构转型升级和空间布局优化,成为激发农村创新创业的重要内生动力。

通过大众创业、万众创新,发挥市场机制作用,加快农村电子商务发展,把实体店与电子商务有机结合,使实体经济与互联网产生叠加效应,有利于促消费、扩内需,推动农业升级、农村发展、农民增收。

因此,农村电子商务的发展有着广泛的物质基础,可以说"农村广阔天地,大有作为"。

(二)农村电子商务常见的创业机会

在农村电子商务领域,目前出现诸多创业机会,下面简要分析。

1. 农村电子商务和村淘创业

越来越多的电子商务企业开始将目光从城市转向农村市场,电子商务渠道下沉开始成为一种趋势。京东、阿里巴巴等电子商务企业也开始在县域、农村电子商务领域展开激烈的竞争。因而县域以及农村电子商务市场蕴藏着巨大的潜力。在互联网飞速发展的趋势影响之下,农村电子商务这几年得到爆发式的增长,同时也掀起一股农村电子商务的创新创业热潮。

随着农村生活水平的不断提高,农民自身对品牌商品的需求也日益增长,同时也孕育着巨大的创业机遇。

(1)借平台创业模式。在京东农村电子商务、阿里村淘等平台,创业者需要向平台电子商务递交申请,满足一定的条件就有资格申请,获得借平台创业机会。京东招募和签约数万名的乡村推广员,构建的县级服务中心;阿里巴巴在2015年推出村淘计划,大力推进"千县万村计划",并投资成立超千个县级服务中心和数万个村级服务站,惠及更多的农村人口。

(2)自主创业模式。将当地农户的需求集中起来,统一向平台下订单,这样的模式可以有效推动农村在互联网领域的创业活动。

这种创业模式需要农村电子商务运营者具备一定的电子商务运营经验,选择具有互联网基础的农村进行试点,就可以取得一定的成效。这种创业模式的关键是要在企业以及农户之间建立信任关系,因此产品的价格、品质以及服务等是吸引用户并建立信任关系的重要基础。

2.县域农村电子商务物流创业

从目前国内的快递网络来看,县级的城市基本实现了快递网络的覆盖。但是从县级到村级的物流一直以来都是快递行业的一个痛点和软肋。因此京东、阿里巴巴等电子商务平台为了实现在农村电子商务市场的布局,也在积极推进县到村的物流网络建设。以生鲜运输著称的顺丰也在加快布局全国农村的物流网络,采用了双向商流和物流通吃的战略,顺丰已经在农村领域带动服务网点的下沉,建立乡村站点,将快递直接送达农村农民的手中,同时利用乡村站点为"城乡购"中土特产的物流运送提供重要的支持。

通过建立县级快递服务站,实现与圆通速递、申通速递、中通速递、韵达快递等"三通一达"、顺丰等快递企业在县级网点的合作,可以实现县域村级电子商务物流创业。例如,通过创业建立县级快递节点中转站,可以将多个村的包裹集中起来统一进行运送,在县到村的配送中,对包裹数量比较集中的村落采用小货车配送或者采用滴滴打车的众包模式也可以实现电子商务物流配送。

3. 农产品电子商务直供和线上多渠道模式创业

农产品电子商务直供和线上多渠道模式创业简称为 F2B 和 F2C 模式创业。F2B 即 Farm To Business,农产品直供模式,这种模式的消费者主要集中在城市,通过省去中间渠道,将产品直接从农村产地运送至城市的学校、食堂、机关、酒店等机构。这种模式上游的平台一定是与多个农业基地实现对接的,因此在基地端的创业者,可以通过给予农民一定的种植、养殖指导,去对接上游的平台,从而为农村电子商务的发展提供重要的支持。

F2C 即 Farm To Customer,线上多渠道模式,对于多品牌农业基地的产品,可以借助淘宝、拼多多等电子商务平台,实现农场与家庭的对接,采用预售和订购的模式来销售农产品。

4. 农产品微商创业

农产品微商创业是一种大众化的农村电子商务创业形式,只要具备农产品微商发展的基础,就可以进行农产品微商创业。微商创业中,农户的分销成为一个重要的中坚力量,可以搭建分销团队,以微商的形式快速发展销售渠道,特别是农村的闲置劳动力比较丰富,可以通过"微商"纽带把这些人组织起来。

适合开展微商创业的对象包括以下两类。

(1)基地。地标性的农特产品,具有独特的产品价值。基地的产能比较稳定,同时能够保证产品品质,符合当前的物流承运标准,规模大的基地可以运用品牌化的策略。

(2)渠道。能够懂社群,结合基地采用社群营销,为用户提供 O2O 体验,打造农产品品牌;或者是建立独特的微商运营体系,在农产品微商平台上同时申请多个单品来做好农产品微商。

5. 农村 O2O 服务平台创业

线上与线下结合的 O2O 服务平台并不是指单一的实体物流或

者是电子商务,而是将农村电子商务的营销、服务等结合在一起,形成一体化的运作。例如,在农村电子商务的运作过程中,一些O2O服务平台中的家电村级服务站,除提供家电物流服务外,还可以提供家电送装、维修服务、以旧换新的综合服务,这就为农村家庭的消费入口赢得了更多的商业机会。

6. 农资采购、融资、租赁服务创业

农资是农业生产运作必不可少的设备和工具,可以通过电子商务渠道,汇聚大中型的农业机械设备,联手金融机构开展融资租赁,从而在农资方面创造更大的发展空间。随着农村对农资、种子以及农业机械等需求的日益提升,在农村市场也可以搭建一个农资的集中采购、租赁平台,比如收割机、播种机等农机具的电子商务预约租赁,为农产品集约化、规模化发展提供有价值的服务。

7. 农村电子商务培训创业

目前,国家非常重视农村电子商务的发展,并出台了很多扶持农村电子商务发展产业的政策,这些政策中,很重要的一个内容和方向就是开展农村电子商务培训,农村电子商务的培训是一个巨大的市场,需要具备一定农村电子商务运作经验和思路带头人,深入县域和农村进行交流和培训,向农民传授更多的电子商务知识,这正好也创造了一种培训创业机会。

8. 农村文旅电子商务结合创业

农业互联网化的趋势,不仅带动了农村市场的商品买卖和服务,同时促进了文化旅游产业的发展,对于有历史文化传承或生产地标性特产的区域,可以通过搭建农村文旅体验平台,在为消费者提供乡村旅游和特色产品体验的同时,带动农产品电子商务的销售。针对部分具有旅游资源的农村地区,可以搭建旅游指南、农村传统手工艺品、特色纪念品等,为旅游者提供"文化旅游体验+电子商务"的服务。

第二节　农村电子商务的产业集聚

一、农村电子商务产业集聚的基础

产业集聚是提升农村区域经济发展的重要途径,电子商务推动农产品企业融入国际、国内市场。而规模化发展成为未来农村电子商务实现突破的重要途径,单个的个体很难撬动巨大的农村电子商务市场,我们需要更好地实现农村电子商务的产业集聚,提升农村电子商务的竞争力。

(一)农村电子商务产业集聚概述

1.农村电子商务产业集聚的概念

农村电子商务产业集聚是指在农村一个适当的区域范围内,汇集农村电子商务经营中所需的各种产业要素,例如农产品种植(养殖)企业、农产品包装、农产品加工、电子商务客服、电子商务物流等若干个不同类型的电子商务产业链企业,形成集聚化运作,优势互补,降低农产品电子商务运作成本,增强运作态势和规模。

农村电子商务产业集聚需要汇集农产品的生产企业以及为这些企业配套的上下游企业,实现高度密集地聚集。农村电子商务的产业集聚须坚持践行新发展理念,充分利用区位、生态、资源、市场等优势,集聚发展在电子商务、供应链等环节下的现代产业,拓展产业增值空间,开辟农民增收渠道,为农村电子商务发展打下坚实的物质基础,增强高质量发展驱动力。

2.农村电子商务产业集聚作用

在互联网技术驱动下,农村电子商务在优化农村产业结构、助推农业供给侧结构性改革方面的作用越来越突出,为乡村振兴添加了新动能。农村电子商务产业集群集聚发展,不仅能带动农民提高生活质量，还能推动传统农业转型、城乡建设。"淘宝村"就是农村电子商务产业集聚的典型代表。农村电子商务产业集聚发展，其作用可从农产品、企业、农户三个方面彰显。

(1) 对农产品的作用。

通过农村电子商务产业集聚，可以丰富农产品的产品线，提升农产品的竞争力。农产品产业集聚由于集约化生产、精细化社会分工以及规模经营等优势可以显示出超强竞争态势，为推动区域经济发展发挥作用。例如，通过农村电子商务的产业集聚，可以扩充农产品加工技术、农产品转化规模、提升包装工艺和加工水平，提高农产品的市场竞争力和附加值，拓展农产品产业链，促进农产品持续优化并健康发展。

(2) 对农产品电子商务企业的作用。

通过打造农村电子商务产业集群，可集中生产技术、储备资金和竞争实力优势，帮助农产品电子商务企业降低经营风险。可促进信息化与当代农业的整合，带动传统产业创新。依托农产品的产品优势，实现农产品经营的不断创新和整合，疏通供应链的关键点。通过农村电子商务产业集聚，企业间可以优势互补，抱团取暖，实现农村电子商务优势资源的整合，进一步提高农村电商产业集聚的影响力。

(3) 对农户的作用。

通过农产品电子商务产业集聚，可以提升农产品标准的制定与规范，树立农户的品牌意识。优质产品作为品牌化的基础，要求仓储、加工和生产都要达到标准规模。例如，规范粮食、果蔬等生鲜产品的标准制定过程，对农产品质量进行等级分化等。这样通过整合发展策略，优化农产品生产机制，打造农村电商产业集群，提高特色农产品附加值，推进农业供给侧结构性改革，帮助农户获得更大的收益。

(二) 农村电子商务产业集聚要素

农村电子商务的产业集聚，不但要硬件过硬，更要在软性要素上下狠功夫。

1. 观念要素

目前,农村电子商务的产业集聚旨在形成优势产业、拉动消费,同时改善农村消费环境、促进农业转型升级、带动农民增收致富。所以,首先在观念上,要加大思想传播力度,根除头脑中固有的"等""靠""怕"的顽疾,解决认识上的盲区,让广大农民、乡镇企业、创业青年真正参与农村电子商务工作,形成规模效应。同时,农村电子商务的产业集聚在观念上也要进行科学规划,农村电子商务集聚发展决不能靠自发或者自然形成,应在合理规划中,有效布局,放大优势,稳步向前推进,坚持有所为有所不为。

2. 团队要素

农村电子商务集聚发展要出新思路、新动力,就必须搭建农村电子商务的主力运营团队,加强团队建设。例如:营销团队,可以通过互联网和新媒体,将当地特色产品宣传出去,扩大品牌知名度和影响力;特色产品开发与包装团队,可以对产品进行深度开发和包装,形成产业优势和产品特色;数据分析团队,通过对各种大数据进行处理和分析,对农村电子商务的运营做出更为准确科学的判断和决策等。

3. 资源要素

对于农村电子商务发展,第一是用好政策资源,如国务院办公厅《关于促进农村电子商务加快发展的指导意见》和近几年的"中央一号文件"等。第二是重视农村电子商务软环境建设,这是农村电子商务发展的重要资源,特别是对农村草根电子商务创业扶持、对农村电子商务配套服务、对农村电子商务激励优惠更应加大力度,使农村电子商务在"襁褓"中成长壮大。第三是平台资源,"借鸡生蛋"是节约资金、尽快见效的好思路。第四是个人资源,应鼓励农民在生产经营中自主将产品与网络结合,实现网下生产,网上销售,对形成带动效应和辐射功能的产品要迅速加以扶持,形成产业集聚。

4. 体系要素

农村电子商务的发展离不开体系建设。在硬件上,需要以乡、村级站点为基础的服务网络建设及物流等体系规划建设;在软件上,需要建立人才机制,做好普及培训,活跃在电子商务平台上的各类人员素质、知识、能力参差不齐,必须建立有效的能力培训体系,形成较为系统的辅导,才能更好地适应新形势、跟上新形势;在环境上,需要建立信用体系,农村电子商务的发展离不开金融的支持,要建立政府部门、金融机构与农村电子商务的协调联动机制,完善农村电子商务融资渠道,助推农村电子商务快速发展。

5. 产业要素

农村电子商务是新兴产业,要发展壮大,必须有传统产业和特色产业的支撑,建立在农村实际、农村电子商务产业和农民需求之上,只有在"特"字上做文章、动脑筋,才能有广阔的前景。一是与特色农产品相结合,在创新特色上下功夫,通过深加工和精加工,提高产品品质,让农产品的小生产迸发出新活力;二是主打名牌,通过整合主打名牌,带动产业转型升级,形成产业集群化;三是与乡村旅游结合,通过互联网宣传推介,推动相关产业发展。

二、农村电子商务产业集聚中的主要问题分析

(一)农村电子商务产业集聚的宏观问题

我国农村电子商务产业存在离散化严重、集聚度不高、商贸流通困难、农村在整个经济产业体系中很难形成和达到城市的规模化和集聚化的效应问题。从产业集聚角度分析,主要存在以下几个方面的问题。

1. 产业布局分散阻碍了农村电子商务整体发展

长期以来,农村产业都是以村集体产业为主导,而大部分村集体都是以农业生产为主要发展方向,是基本满足当地需求为主导的集

体经济形式。因此,受限于长期以村集体为主导的分散式的产业模式,无论是在电子商务的商贸流通还是企业生产的交通运输方面都处于劣势地位。

2. 产业集聚程度低,农村资源利用效率低

目前农村整体经济受限于低水平的产业化程度,导致农村大部分地区依然是以家庭为单位进行生产,这种分散的模式使农村电子商务可利用资源率低。虽然近年来国家从各个层面开展了相关补贴,以期推动农村产业结构调整和资源集中整合,但从整体来看,农村产业集聚化程度仍然不高。

3. 农村电子商务产业经济优化难度大,传统方法很难实现

农村经济发展不仅需要提高资源利用效率,更需要以工业化为基础大力发展原材料生产加工工业,并使之与城市对接,从而促进整个农村经济产业的发展。我国农村的大部分企业是以乡镇为主导的企业,这些企业在布局上没有从整个产业的发展角度进行规划,并且没有考虑到当地农村产业的持续发展,这就导致大部分企业在产业结构上互不相关,很难利用产业集聚效应整体推动农村经济发展,对其进行优化和改造的难度较大。

(二)农村电子商务产业集聚发展面临的具体问题分析

农村电子商务集聚发展还存在以下几个方面的具体问题。

1. 缺乏从产业发展角度出发的规划,没有形成农村地域特色

从目前农村电子商务的发展来看,基本形成了物流的全面覆盖,以阿里巴巴和京东为主导的电子商务平台在农村地区都建立了相应的服务站,这种服务站和电子商务平台结合的模式有效地打开了农村网购市场,但在另一方面,其对农村涉及的农产品产业、农业服务产业等相关产业的发展推动作用有限,仍未形成具有当地特色的网络农产品生产及销售体系。

2. 信息化基础设施缺乏，劳动力不足

由于城市产业的高度集中，电子商务在城市可以以极低的成本实现对城市网络信息的全面覆盖。但是在农村，由于人口分散，以土地和山林为主要生产资源的生产模式使得整个农村产业化成本极高，农村产业分散程度也非常高，这就导致农村地区信息化及产业基础设施的建设成本过高。虽然近年来国家加大了对农村基础设施建设的投入，但从整体角度来看，农村相对城市依然落后。另外，由于农村大量劳动力向城市迁移，这也是导致当前农村产业发展缓慢、电子商务发展受阻的重要原因。

3. 企业信息化意识薄弱，电子商务人才缺乏

当前我国农村大部分企业依然采用传统的生产及销售模式，主要依托农村已有的资源进行农产品加工及原料初步加工，并通过传统的商贸活动来完成交易。而在信息化平台的建设方面，农村企业的意识非常薄弱，这使得大部分的农村加工企业长期停留在农产品初加工和原料销售上，其市场规模无法扩大，这极大地阻碍了电子商务在农村的发展。另外，农村电子商务人才驱动力不足，众多农村电子商务企业普遍反映吸引客服、美工、运营和技术等各方面人才的难度较大，高端人才稀缺，中端人才难留。

4. 农村电子商务产业泛而不强，产业集聚度不高

我国部分地区没有形成具有相当规模的电子商务产业集群，特色产业的电子商务销售规模不大，农村电子商务产业集聚度不高。众多农村电子商务企业比较分散，引领产业链协同发展的电子商务平台和电子商务龙头企业数量少且规模偏小。大部分集聚区建设相对滞后，尚未形成电子商务产业集聚区核心区块。

5. 农村电子商务产业集群的发展不均衡

不同地区的农村电子商务产业集群因成立条件和基础不同，发展的规模、水平不平衡。同时，农村电子商务产业集群的产业结构以

劳动密集型、中低层次技术为主,项目的整体规模不大、档次不高,且并未形成完善的电子商务产业服务支撑体系。

6. 农村电子商务区域品牌意识不够

众多小型农村电子商务企业、电子商务从业者仍旧处于低水平模仿阶段,缺少自主品牌,竞争优势有待增强,农产品标准化程度低,质量和标准不统一、不稳定,品牌价值没有充分显现。

此外,农村基础设施存在短板,融资难、物流难等也是制约农村电子商务集聚发展的问题。

(三)农村电子商务产业集聚发展变化趋势

农村电子商务产业集聚发展变化趋势主要有以下两个方面。

1. 农村电子商务产业集聚呈现加速演进机制

产业集聚是一类特殊的产业经济现象,通过产业集聚能够形成一个完整的产业集聚化系统,从而促进整个经济产业的发展和转型。农村电子商务产业集聚后会在产业分工上进一步细化,农村电子商务产业集聚系统的内部将形成各种横向结构(如各类农产品企业)、纵向结构(如电子商务物流、客服、运营等关联企业)和生产商内部的纵横网络结构联系,这将极大地提高电子商务的商贸流通效率,同时有效地发挥整体集聚效益和优势,降低电子商务的交易和生产成本。在我国农村地区,由于长期以来都是家庭承包制,如家庭作坊制或家族企业等,导致了一些农村电子商务企业集聚度极低,产业分布零散。而通过农村电子商务的产业集聚,利用电子商务交易虚拟化、市场全球化和成本低廉化的特点,可以有效地解决农村产业分散的问题,推动农村电子商务实现集聚效益,这是未来农村电子商务创新发展的重要方向。

2. 农村电子商务产业集聚在政府推动下呈现明显的政策推动机制

近几年,我国政府不断加大对农村发展产业集聚的政策力度,激发各地农村形成具有当地特色的且具有一定规模的产业集群。

政府从宏观经济角度进行思考，采取相关措施进行顶层设计，并对整体的乡镇经济发展进行调控，从而促进农村电子商务产业集聚化发展，并提升其整体竞争优势。另外，政府也建立完善的电子商务管理制度，协调农村电子商务产业集聚化发展，以优惠政策促进电子商务发展，引导农村经济产业集聚，借助电子商务的发展，形成农村产业集聚系统，从而提升农村整体经济的产业优势和竞争优势。

第三节　农村电子商务助力乡村振兴

一、乡村振兴的历史背景

2021年我国脱贫攻坚已取得全面胜利，电子商务扶贫是脱贫攻坚工作的重要渠道，为乡村振兴打下了坚实的基础。未来，农村电子商务产业将会在乡村振兴战略中扮演着重要角色。

（一）乡村振兴的相关政策

2020年，农业农村部印发的《全国乡村产业发展规划（2020—2025年）》指出，"产业兴旺是乡村振兴的重点，是解决农村一切问题的前提。乡村产业内涵丰富、类型多样，乡村新型服务业丰富业态类型，是提升农业、繁荣农村、富裕农民的产业。"脱贫攻坚，创新是关键。把电子商务引入脱贫攻坚战中，用技术打通供需两端，以电商扶贫新模式，实现更多贫困群众增收、脱贫、致富的美好愿景。"手机成为新农具，数据成为新农资，直播成为新农活"是如今农村电商新气象的真实写照。

2021年6月1日起施行的《中华人民共和国乡村振兴促进法》是乡村振兴的法律保障，该法是做好"三农"工作的重要指引，对全面实施乡村振兴战略，开展促进乡村产业振兴、人才振兴、文化振兴、生态振兴、组织振兴，推进城乡融合发展等活动提供了法律依据。该法不仅规定要促进传统种植业、养殖业的发展,还包括支持休闲农业、乡村旅游和电子商务等农业新产业的发展,这为农村电子商务的发展起到了保驾护航的作用。

(二)农村电子商务在乡村振兴战略中的运作

互联网具有互联互通的属性,广大用户的数据自然地沉淀到了互联网公司的服务器上。通过计算,这些数据能够在乡村振兴这项工作上做到"精"和"准"。事实证明,农村电子商务由于其精准有效,已经成为乡村振兴工作的一个成功范例。

1.平台运作

(1)阿里巴巴平台。

阿里巴巴推出了平台模式、"一县一品"模式和直播模式助力农产品电子商务的发展。

平台模式:通过大数据,帮助特色地区发现比较具有优势的农产品,并结合阿里集团和当地政府的资源来提升这些农产品的竞争力。

"一县一品"模式:对当地的特色产品,用阿里云"农业大脑"实现技术赋能,通过淘乡甜直供直销的方式实现供应链输入,并利用阿里巴巴的营销手段扩大优质农产品的影响力,拳节脐橙、巴楚甜瓜、元阳红米、吉木乃面粉、敖汉小米、金寨猕猴桃等都是这种模式的典型代表。

直播模式:在网络直播平台上通过"网红+县长(村干部)+明星"的模式,打造"新(星)农人",通过这种方式建立消费者对农产品的认知与信任,增加优质农产品的销售。

(2)拼多多平台。

拼多多作为新电子商务开创者,通过"社交+电子商务"模式,让更多的用户带着乐趣分享实惠,享受全新的共享式购物体验。拼多多充分利用其"拼"货的模式来帮助农产品销售。

农产品是拼多多的核心品类。而"拼"货的模式,能在较短时间内聚集大量的需求,快速消化掉当季出产的农产品。对于农产品,基于"拼"货的模式,拼多多平台创新打造了"农货中央处理系统"。通过数据和算法处理沉淀各农产地的地理位置、特产、收种周期以及消费者的偏好等数据,将不同的农产品在成熟期间匹配给合适的消费者。通过这种方式,拼多多可以主动向平台上的上亿活跃用户推荐适当的农产品,解决农产品的销路问题。

2. 电子商务在乡村振兴战略中的造血功能

电子商务能够帮助农民实现造血功能,从而实现最终的乡村振兴任务。对于电子商务平台,各类地区的农产品可以丰富平台上商品的多样性,有利于更好地满足消费者的差异化需求。消费者借助电子商务平台消费来自不同地区物美价廉的农产品的同时,也在乡村振兴工作中感受到参与感。更重要的是,农户看到自己生产出来的农副产品有销路,产生经济上的收益,会从自己的工作中看到希望,从而产生示范作用。因此,各方都能够从电子商务乡村振兴工作中得到实实在在的利益。这种正反馈的循环使得电子商务能够持续进行下去。各电子商务平台根据其自身的特点与优势,选择符合自身特长的乡村振兴路线,将乡村振兴的公益事业与商业方式相结合,实现企业发展与地区乡村振兴战略的合作共赢。

3. 开展电子商务乡村振兴的有效路径

电子商务是实现乡村振兴的有效途径之一,但在电子商务实施乡村振兴战略中也有一些瓶颈在约束着电子商务的发展,例如交通、通信和电子商务人才的短缺等。为了让电子商务乡村振兴能够更好地实施,社会特别是政府需要从以下几个方面提供助力。

(1)建设好基础设施。

建设好农村地区的基础设施,特别是道路,让人员往来和农产品的运输过程变得更加方便和快捷。俗话说"要想富,先修路"。不通公路,或者公路质量太差的地方,开展电子商务乡村振兴会非常困难。农村地区出产的产品大多为农副产品,保持新鲜度非常重要,如果在路上耽搁太多时间,产品就会失去竞争力,不能持续发展下去。

(2)打通互联网网络。

农村需要注重网络的覆盖。不通互联网的地方是没有办法进行电子商务乡村振兴的。目前很多农村地区都有较好的网络覆盖,特别是在5G时代,农村地区也可以充分享受到5G通信技术带来的巨大机会。

(3)发挥数据资源价值。

对于农产品电子商务运营而言,数据尤其重要。例如地区的天气气候、土壤的特征、农作物的分布和道路的实时情况等信息都与农产品的生产和销售息息相关。电子商务平台对农村地区的这些数据掌握得越多,能够提供的解决方案就越完善。电子商务平台需要根据乡村振兴的要求提出更合适的算法,以更好地利用这些数据,体现出数据的价值。

(4)做好帮扶教育。

对农村地区的老百姓要积极开展电子商务相关的职业培训和教育。农村地区的乡村振兴归根结底是人的振兴。通过培训农村地区的人,特别是年轻人,让他们能够熟练掌握和运用互联网电子商务平台的工具,帮助自己和当地的老百姓一起走上乡村振兴致富的道路。

二、农村电子商务助力乡村振兴

电子商务可以实现乡村产业再造,推动产业集聚发展。同时通过电子商务实现农产品优质优价,提升农业产业附加值。电子商务作为新兴业态,既可以推销农副产品,又可以帮助群众,推动乡村振兴。推动乡村振兴,需要构建电子商务运作的长效机制。

(一)政府需要发挥农村电子商务在乡村振兴战略中的引导作用

乡村振兴是加快农村农业现代化发展的国家级战略,是实现全面建成小康社会和全面建设社会主义现代化的必然要求。随着互联网的发展,农村电子商务成为带动农村产业融合和经济社会发展的新型发展模式,农村电子商务基础设施更为完善,市场规模不断扩大,交易产品种类不断增加,产品结构更为完整,为促进乡村振兴起到了重要作用。

扶持特色电子商务项目,提高农村基础设施建设水平。电子商务对乡村振兴的重要作用不可忽视。

1. 强化政府的引导作用

政府对农村电子商务的推广应该有针对性地进行扶持,重点支持偏远地区和贫困地区基本的基础设施建设,完善网络和道路交通覆盖范围与质量。同时,政策性扶持特色农产品项目,协调金融、财税和土地等对电子商务的优惠扶持力度,为电子商务企业进军农村市场、兴建电子商务服务站和物流配送站等提供支持,解决农户电子商务经营融资难、贷款难等问题,发挥政府在农村电子商务中的推动作用和引导作用。

2. 完善人才保障机制

农村电子商务的发展离不开人才,要强化农村电子商务人才引进策略,完善人才保障机制。电子商务人才是发展农村电子商务的根基。因此,要坚持创新为本、人才为先的理念,注重人才培养与引进,将留住人才作为保障农村电商发展的重要工作。首先,建立人才培养机制,联合高校、企业开展理论实践教学,对农户进行网店运营与管理培训,打造以电子商务运营为方向的本土电子商务人才。其次,构建人才引进机制,以优惠的创业政策和人才引进政策,鼓励受教育水平较高的、具有电子商务能力的优秀青年到农村创业,带动农村电子商务向高水平发展。采取人才优惠政策,弥补农村经济发展水平低带来的人才吸引力不足的问题。

3. 加大电子商务公共服务供给

加大电子商务在乡村振兴的公共服务供给,通过创新政府购买服务的方式,发挥专业机构的服务优势,培育优质的供应链服务企业和网商群体,通过打造区域农产品品牌,创新供应链金融服务模式,完善专业人才培训机制,创建创业创新平台,建立本地公共服务体系,为"互联网+"农产品出村进城打下坚实的基础。

4.做好农村电子商务的产业布局

完善农村基础设施建设,提高农村物流技术应用水平。建立高效的农村物流体系,降低流通时间成本。例如,建立农产品物流集散中心,提高物流标准化水平,增加农产品附加值。可以借助现代智能化技术与设备,建立现代化、智能化、数字化农产品物流供应链系统,通过数字化交互实现产供销各环节无缝对接,缩短物流在途时间,降低运输的时间成本。冷链物流是生鲜农产品最需要也是最薄弱的环节,需要增加冷链物流技术研发,建设与冷链物流相对应的仓储、包装和配送等基础设施,提高冷链物流运输能力和水平。

(二)电子商务企业在助力乡村振兴中要做好排头兵

1.因地制宜,做好分析

农村电子商务企业要增强对农村乡村振兴客观因素的分析,必须充分利用各种客观因素为电子商务乡村振兴工作做好功课,要提高市场调研工作的力度,在乡村振兴战略的背景下,根据市场的实际需求合理调整产品供销量,防止农产品出现滞销现象。借助大数据、物联网等科技技术,做好农产品电子商务产业布局,根据各地区发展状况逐渐形成品牌效应,最终加快农村电子商务行业的发展。

2.带动和引领农民

农村电子商务企业要提高互联网技术在农村地区的推广速度,要向农民传授信息化知识,让每位农民都能够真正理解电子商务对农村乡村振兴的重要意义。通过典型的盈利模式,吸引更多具有较高素质的电商人才,为农村地区电子商务的发展提供帮助。

3. 用活、用好乡村振兴政策

农村电子商务企业要率先用活、用好农村电商乡村振兴政策,并做好普及工作。加强农村重点对象的参与意识,农村电子商务企业可以借鉴电子商务乡村振兴的成功案例,并在公共场合为农民们进行宣讲。榜样的力量是无穷的,有成功者的现身说法,可以在一定程度上转变村民的因循守旧意识,使农民从根本上认同电子商务在乡村振兴战略中的重要作用。

4. 提高帮扶的精准度

要加大对农村电子商务所涉及农民的扶持和帮助力度,提高农民的发展积极性,最终实现共同致富的总目标进一步增强农产品的市场竞争力。毕竟农产品电子商务重要的环节还在农产品的生产上,离不开当地农民在农产品生产上的产业链支持。在开展电子商务经营过程中,可以适当增加农产品的销售种类,牢记产品质量才是影响销售水平的决定因素,严格把控农产品质量,及时关注销售渠道、运输等方面的问题。

5. 打造农产品特色品牌

农产品电子商务企业应着力打造农产品特色品牌,创新电商品牌运营模式。随着电子商务的发展,消费者在任何地区、任何时候都可以购买到需要的农产品,能够利用当地特色优势,打造具有竞争力的农业品牌,才是保障农村电子商务可持续发展的必然途径。因此,需要根据当地产品特色化,采用差异化销售策略,打造农产品特色品牌。电子商务平台要根据不同的产品特点和品牌特色,创新农产品品牌运营模式,防止千篇一律。

6. 创新农村电子商务发展模式

农产品电子商务企业需要密切与农民的利益联结。鼓励探索订单帮扶、股份合作、园区带动、实训创业等模式,发展社区支持农业、政府采购等平台电商模式,不断开拓社区团购、直播带货等新模式新业态,密切政府、企业、农民的利益联结,借助电商平台带动,降低农产品网络销售的风险,保障经营主体的权益,确保农民获得合理收益。

第五章 农产品供应链创新

第一节 服务导向下农产品电商供应链模式创新

农产品电商供应链涉及的主体包含电商企业、农产品生产者(农户、农民合作社、农业企业)、不同类型服务的提供商、消费者等。在农产品电商供应链中,以电商平台或企业为核心,通过整合IT服务、物流服务、金融服务、市场营销服务,实现农产品从源头到消费者的流动。

相比传统的农产品供应链,农产品电商供应链具有以下特点:一是可以实现直接面向消费者的"去中介化"效应。在传统的农产品供应链中,农产品从生产到消费的过程往往要经历经纪人、农产品批发市场、零售终端等多个环节,这样一个长链条不仅增加了成本、扭曲了信息,还带来了农产品损耗过大的问题。基于互联网的农产品电商可以通过农产品生产经营者的自我传播直接接触到近乎无限的消费者群体,可以减少甚至去掉农产品供应链中的中间环节,从而实现农产品流通的"点对点"直通直达。"去中介化"过程可以提高农产品供应链的运行效率,克服由于供应链环节过多造成的市场需求信息扭曲、供应链主体间利益冲突、农产品损耗大等问题,同时,可以改变农产品供应链的收益分配格局。传统的经纪人、批发市场、零售商等中间环节主体对农产品供应链的收益权受到削弱,农户和消费者的供应链收益权得到加强,有利于提升顾客价值和增加农民收益。二是对农产品供应链效率的改进。由于农产品的生产周期较长,使得市场需求信息在农产品供应链中极易发生扭曲,从而造成农产品的供需错位。一方面,农产品生产者面临农产品滞销的问题;另一方面,消费者则会面临结构性短缺及价格的剧烈波动。农产品电商企业可以通过使用先进的信息技术强化供应链成员间的信息共享,提升供应链的协同效率及对市场需求的响应程度;同时,电商企业可以有效收集消费者购买行为数据,通过大数据分析对消费者购买趋势做出更为准确的预测。三是与物流过程的关联更为紧密。无论是与其他线上交易的商品相比,还是与通过线下渠道流通的农产品相比,农产品电商供应链对物流的要求都要更高。从消费者角度看,高效的物流配送是实现农产品电商便利性的基础,物流过程是农产品电商与顾客接触的重要界面,物流服务质量直接影响消费者的线上购物体验;从农产品电商供应链主体看,物流过程不但是影响农产品质量的重要因素,也是电商经营成本的重要构成部分。由于农产品的易腐性及顾客对新鲜程度的要求,农产品电商的物流成本远高于线上交易的其他商品。如何实现物流服务质量、物流效率与物流成本之间的平衡对农产品电商供应链来说至关重要。四是以"消费者为核心"的供应链。传统的农产品供应链是基于供给导向,农产品供应链要能够保障供给和稳定价格。在传统农产品供应链中,批发市场等中介以及零售商发挥着重要的供应链协调作用。农产品电商供应链发展的根本动力在于满足消费者日益多样化和个性化的需求,充分体现以消费者为核心。农产品电商供应链以满足消费者需求为核心,通过需求驱动供应链的生产、物流等不同职能,如农产品定制。

第二节 农产品电商供应链的物流服务创新

物流问题是困扰生鲜农产品电子商务发展的核心问题,由物流问题造成的生鲜农产品损耗、变质或品质下降不仅会给电商带来巨大的退货成本,更为重要的是降低客户的体验水平和重复购买的黏性,还会对农产品的网络社交口碑造成消极影响。对于企业来说,农产品电商的物流成本远高于线上销售的其他商品,中国电子商务研究中心的监测数据显示,2015年国内生鲜电商的平均客单价为150元,其中物流单成本占据了50%。破解生鲜农产品电子商务中的物流难题,不仅有利于提升生鲜电商企业的服务质量和经营绩效,对于实现生鲜农产品电子商务行业的健康发展也具有重要的现实意义。物流的本质是服务,其最终落脚点是顾客满意。对于物流服务来说,服务创新是提升服务效率、改进服务质量的关键。服务创新是指在服务过程中服务企业采用新思想或新技术来改善和变革现有的服务流程和服务产品,提高服务质量和服务效率,为顾客创造新的价值,并形成企业的竞争优势。

农产品电子商务中顾客对物流服务的需求特性包括以下几个方面:一是即时性。即时性即对顾客需求的快速响应。生鲜农产品的特性使得顾客对速度的要求远高于其他线上商品。特别是当获取生鲜农产品的渠道转换成本较低时,速度将直接决定着顾客的体验水平和重复购买意愿。例如,如果顾客突然想吃某种水果,但发现网上订购要第二天才能送达,那么他很有可能选择去附近的超市、水果店或农贸市场购买。二是位置响应性。位置响应性即根据顾客所在的位置提供信息和服务。相比于其他商品,由于生鲜农产品的易腐性及需求刚性,因位置原因造成的延迟收货或无法收货会给顾客带来更大的价值损失。位置响应性要求生鲜电商的物流系统能够对顾客位置的变动做出动态、快速的反应。三是安全性。即降低因物流过程对农产品质量造成损坏的可能性。从顾客角度看,顾客对生鲜农产品质量安全的关注度远高于其他商品;从物流角度看,物流过程对生鲜农产品质量安全的影响也要大于其他商品。为此,保障生鲜农产品的质量安全是生鲜电商物流最基本也是最重要的要求。

一、农产品电商的物流服务创新模式

物流是农产品电子商务发展的基础,农产品的易腐性和保鲜性要求对物流过程提出了更高的要求,农产品电商的物流服务创新主要表现在技术和组织两方面。

(一)物流技术创新

技术是物流服务创新的基础和支撑,技术的进步往往会促进物流服务的颠覆式变革。对于农产品电商来说,由技术进步带来的物流服务改进是破解当前电商发展面临的物流难题的关键。物流技术创新可能是某一特定物流职能方面的改进,如精准温控技术、冷藏包装技术、无人卡车运输技术等;也可能是基于顾客需求响应的物流技术系统性创新,如智能终端。武汉家事易公司推广的"电子菜箱"和上海厨易时代是智能取货终端的代表。

(二)物流组织创新

组织创新是提升物流效率和物流服务质量的重要方面。物流组织创新重在资源整合和流程优化。农产品电商的物流组织创新包括以下几方面:一是仓配一体化。仓配一体化是指互联网背景下的仓储网络与配送网络的有机结合,意在为客户提供一站式仓储配送服务,是对客户订单的一体化物流解决方案。仓配一体化模式有利于节约仓储和运输成本,提高存货周转率和配送效率,改善用户体验。对于农产品电商来说,可根据其自身经营情况选择自建仓配一体化系统,或者将仓配一体化外包,如此可以有效降低物流成本,提高效率。二是前置仓模式。前置仓模式即指更靠近消费者的小型仓储单位,多布局于消费者集中的社区或办公楼附近;也可能是直接将零售终端赋予仓库功能,门店即小型仓储配送中心。前置仓模式使得中央仓库只需对前置仓供货,将农产品提前直接配送至前置仓存储待售;客户下达订单后,由前置仓组织完成包装过程和"最后一公里"配送，实现在合理的范围内以最短的时间将农产品配送至客户手中。无论从成本还是效率角度看，前置仓模式较农产品直接配送均具有较大优势。三是共同配送模式。消费者对农产品需求的小批量、个性化、多样化趋势越来越明显，便利性已经成为现代消费的核心要素，对农产品配送的速度、弹性化均提出了更高的要求。农产品电商的共同配送模式可以满足客户的深度服务需求。农产品电商的共同配送汇集不同物流企业的配送站点、车辆、仓库、路线等资源，进行横向及纵向的业务组合和流程优化。农产品电商的共同配送有利于实现物流配送的规模经济效益，在降低物流成本的同时，提高配送效率。

二、农产品电商物流服务创新的价值创造机制

企业的价值链必须与顾客的价值链相匹配，企业的竞争优势来源于其可以为顾客创造的价值。对于生鲜电商来说，顾客体验将是其发展的决定性要素，顾客体验将直接影响顾客忠诚度和顾客黏度。一种商品的体验要素应包括消费者的个性化需求、商品的核心性能与速度、交互功能、细节设计等方面。物流因素制约生鲜农产品电子商务发展的机理在于其对用户体验的影响作用。在生鲜电商物流中存在着明显的成本效益悖反，即物流成本与服务水平的效益悖反。顾客选择网购生鲜农产品，需要获得相比于线下购买更好的消费体验，由此对物流服务提出了更高的要求；但生鲜农产品的特有属性使得生鲜电商的物流服务质量具有更高的成本弹性，即一定程度物流服务水平的提升需要更高的成本投入，服务创新本质上是一种企业价值创造的活动。生鲜电商的物流服务创新有助于克服成本效益悖反，在提高生鲜电商企业物流效率和经营绩效的同时，通过提升物流服务质量和创新物流服务模式为顾客带来更好的消费体验，实现顾客价值增值。物流服务创新对生鲜电商顾客价值创造的作用机制如图 5-1 所示。

```
生鲜电商企业          物流服务能力
物流服务创新 ──┬── 降低物流成本 ──┐
              ├── 提高物流服务质量 ──┼── 顾客
              └── 提供新的物流服务 ──┘    顾客价值增值
```

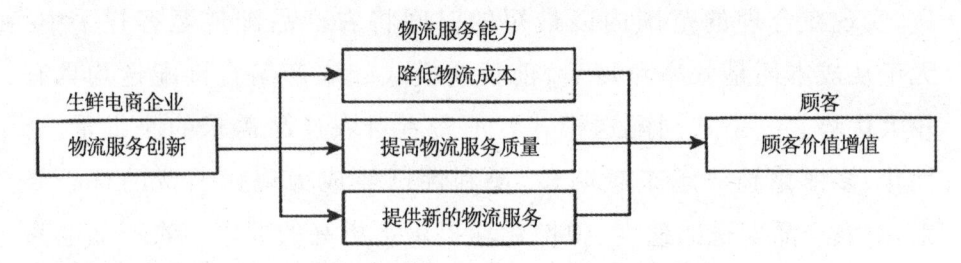

图 5-1　物流服务创新的价值创造机制

(一)服务创新提升生鲜电商的物流服务能力

从创新程度角度看,服务创新可以包括两个层面:一是改变旧服务模式,优化服务流程,提升服务效率和服务质量;二是开发新的服务产品,即一种尚未被采用过的更为有效的服务方法或手段,以实现其市场价值。对于生鲜电商企业来说,服务创新可以降低企业的物流成本、提升服务质量,并提供新的物流服务产品,以实现生鲜电商物流服务能力的提升,进而形成企业的竞争优势和顾客价值创造能力。

1.降低物流成本

生鲜电商的物流服务创新对生鲜电商运营的最直接作用表现为物流成本的降低,进而实现对生鲜电商供应链整体绩效的改进。从功能和流程角度看,物流成本可以分为物流功能成本、物流流程成本和供应链物流成本。物流功能成本即运输、存储、装卸搬运、流通加工、配送、信息等各项物流功能成本的总和;物流流程成本即整个物流流程的总成本,但其不是各项功能成本的简单叠加而是有机组合;供应链物流成本即跨越企业边界的供应链中物流流程的总成本。通过理念创新、技术创新、界面创新、组织创新,不但可以降低物流功能成本,同时可以降低物流流程成本和供应链物流成本。如通过产地直接采购生鲜农产品,可以减少生鲜电商的供应链环节,从而减少供应链物流成本。再如美国的生鲜电商 Farmigo 开创了以"食品社区"为单位的生鲜农产品团购配送模式,Farmigo 平台直接连接农户和消费者,"食品社区"中的消费者在网站中选择订购生鲜农产品,农户会每周汇总"食品社区"的订单并定点配送一次,这种团购配送模式大大降低了物流成本。

2. 提高物流服务质量

格鲁诺斯最早将质量的概念引入服务领域,提出服务质量是"期望服务水平与实际感知服务水平之间的比较",其由服务产品、服务传递、服务环境三个要素组成。从顾客感知视角看,物流服务实质上包括实体物流服务和顾客营销两个方面,物流服务质量应包括订货过程中的人员沟通质量、订单释放数量、信息质量、订购过程,以及收货过程中的货品精准率、货品完好程度、货品质量、时间性、误差处理质量。生鲜电商的物流服务过程不但会影响电商企业的绩效,更为关键的是影响客户的网购体验和忠诚度。桑德博和加洛伊提出服务创新的直接动力和目标就是提升服务质量,服务创新对服务质量的多个维度均具有正向影响。生鲜电商通过服务创新可以提升物流服务质量,进而改进电商企业绩效和顾客价值。如可通过 GPS 技术定位消费者所在地,实施即时精准配送,不但满足时效性还可以避免收不到货的问题,如此既降低了物流成本又实现了高质量的服务。

3. 提供新的物流服务产品

生鲜电商物流服务创新的最高层次是开发新的服务产品。在理念、技术、组织、界面等维度进行创新,开发新的物流服务产品。新的物流服务一方面应提升生鲜电商企业的价值,是生鲜电商物流体系整体优化的结果;另一方面应通过物流服务功能优化和延伸为顾客创造新的价值。对于生鲜电商的新物流服务开发来说,可以从以下几个方面着手:一是基于供应链开发新的物流服务,如与生产基地、农民合作社、新农人等结成合作联盟,实现生鲜农产品的产地直采,同时通过参与生产过程实现对农产品质量的控制,打造优质高效的生鲜农产品供应链。二是基于产品开发新的物流服务,如根据不同生鲜农产品的属性,采取不同的存储、运输、包装标准及物流流程控制手段,最大限度地保障农产品的新鲜程度,实现生鲜农产品的品质物流。三是基于顾客需求开发新的物流服务,延伸物流功能,如为顾客提供加工后的生鲜农产品,或根据顾客的需求数量和营养需求为其设计合理的生鲜农产品采购组合,并进行终端配送。

(二)优质的物流服务创造顾客价值

服务水平的高低取决于顾客的感知,具有较强的主观性。根据途径—目的理论,顾客感知到的价值可以分为产品属性层、消费结果层和终极状态层三个递进层面。从这三个层面看,生鲜电商对消费者的价值贡献表现为:在产品属性层面,消费者可以降低其购买过程的体力和时间付出,并获得传统渠道中难以获得的特色农产品;从消费结果层面看,消费者可以获得更优的效用—成本比;从终极状态层面看,消费者选择网购生鲜农产品是一种对生活方式的追求,反映了其内心深处的价值观。

在传统生鲜农产品流通渠道中,农产品一般要经过经纪人—产地批发市场—销地批发市场—零售端四个环节才能到达顾客手中,这里的零售端可能是农贸市场、连锁超市或社区菜店。在这种多环节的农产品流通体系中,物流是以自然形态物流、常温物流为主,导致了生鲜农产品损耗严重,品质受损。生鲜电商的出现在很大程度上是顺应消费需求多元化、个性化、体验经济以及共享经济发展的趋势,满足消费者对品质生活的追求。伍德拉夫将顾客价值定义为顾客在一定的情境下对产品属性、产品功效以及使用结果达成其目的和意图的感知的偏好和评价。物流服务对于生鲜电商的顾客价值创造过程具有决定性影响,高品质的生鲜农产品、好的商业模式都会因物流问题而失去其应有的价值。优质的物流服务将会给消费者带来更好的生鲜电商消费体验,增加顾客价值。生鲜电商通过物流服务创新对顾客的价值贡献表现为以下几个方面:

第一,通过精准送达、冷链快速配送、即时配送等高品质、个性化的物流服务可以为顾客提供最大程度的便利性,在节省其购买体力和时间成本的同时,为顾客创造良好的消费感受,增加其对整个网购过程的满意度。

第二,生鲜电商通过产地直采、供应链整合、冷链物流网络布局大大减少了物流环节,节省了配送时间,最大程度地保障生鲜农产品的新鲜程度和品质。

第三,生鲜电商通过供应链管理,一方面,提升与合作伙伴特别是上游供应商的关系水平,保证交易稳定性,合作打造生鲜农产品的电商品牌;另一方面,通过参与种养殖环节,加强对农产品质量的控制,为顾客提供质量安全的生鲜农产品。

第四,生鲜电商通过延伸物流功能、开发新的物流服务对接顾客需求,为顾客设计新的生活理念和模式。英国生鲜电商 Ocado 就提出了未来冰箱理念,未来冰箱可以扫描顾客冰箱货架上存储食物的信息,通过大数据技术预测家庭的生鲜需求,并连接至 Ocado 网站的数据库,从而实现精准营销和精准物流。未来冰箱使生鲜电商管理到每一个顾客家庭的生鲜需求,不仅增加了顾客黏性,更为顾客创造了价值。

三、农产品电商物流服务创新的着力点

尽管生鲜电商发展迅速,但很多电商企业却因为无法克服物流难题,一方面,使企业盈利困难;另一方面,无法为顾客提供满意的消费体验。从服务视角分析生鲜电商的物流问题,更有利于找到破解这一难题的有效方式。服务创新是提升生鲜电商物流服务质量,为顾客创造价值的重要驱动力。农产品电商的物流服务创新包括物流技术创新和物流组织创新两个方面。物流服务创新可以降低农产品电商的物流成本、提高物流服务质量、提供新的物流服务产品,通过为顾客提供优质的物流服务改进消费体验、贡献于顾客价值增值。

(一)农产品电商的物流服务应关注顾客的价值创造

企业的竞争优势源于其为顾客创造价值的能力。在竞争激烈的生鲜电商行业,谁能提供高效优质的物流服务,谁就能把握市场先机,赢得顾客忠诚。相比线上其他商品,生鲜电商的低效物流或劣质物流服务会给顾客和企业带来更大的价值损失。如果生鲜电商仅将物流视作成本的产生点,只关注于如何降低物流成本,那么很难取得长期的发展。生鲜电商的物流服务应关注顾客的价值创造,将物流视作企业核心能力和竞争优势的来源,通过物流服务创新提高服务质量和创新服务模式,为顾客创造更好的生鲜电商消费体验。

(二)通过物流服务创新打造差异化的农产品电商供应链

农产品电商的快速发展是基于消费需求多元化的趋势。物流是供应链过程的一部分,农产品电商应通过在物流技术和物流组织两方面的创新,打造差异化、创新性、专业性的农产品电商供应链,在快速响应市场需求、保障农产品品质及质量安全、为顾客提供最大程度的消费便利性、充满感情色彩的消费体验等方面做出卓越表现,满足顾客多元化的需求,提高农产品电商的顾客黏度和市场渗透性。

(三)以服务创新促进农产品电商物流资源的整合和高效利用

农产品电商的物流服务创新应是开放式创新,与外部资源有着较强的交互性。在物流服务创新中应加强与外界的合作,特别是与顾客、供应商甚至竞争对手的合作。对于生鲜电商来说,其物流过程可以选择自建物流也可以选择第三方物流。自建物流有利于对物流服务质量的控制,但需要较大的前期资本投入和较高的后期维护成本;第三方物流可以节约成本,但电商企业对物流过程的控制程度较低,尤其是在我国缺乏专业化的全程冷链物流服务商的背景下,物流服务质量难以保证。为了克服这一两难的选择,农产品电商特别是小规模生鲜电商应树立合作竞争和开放式创新理念,与供应商或竞争对手协同合作推进物流服务创新,如建设共同配送中心、合作组建冷链物流联盟、购买大型电商的开放式冷链物流服务等,提高物流资源的利用效率。

第三节 基于社群经济的农产品电商供应链模式创新

社群是指在互联网时代,具有共同价值观和亚文化的群体,具有小众化、圈层性、兴趣性的特征。社群更强调成员间的即时性互动与关系连接,本质上是一种靠关系或共识聚集在一起的群体。当代社群经济是建立在互联网基础上,由消费者自己主导的商业形态,可以为消费者创造更多价值,降低交易成本。社群电商的发展符合消费升级以及消费分级的趋势。为此,本节将分析基于社群经济的农产品电商供应链模式。

一、社区支持农业

具有社群经济特征的农产品供应链模式起源于20世纪60年代出现的社区支持农业(Community Supported Agriculture,CSA)模式,较早出现在德国、瑞士、日本、美国等国家。社区支持农业是经营者与消费者合作从事农场运作的生产模式,消费者预付产品款额,农场按期向其供应安全的"特供"农副产品,从而实现生产者和消费者风险共担、利益共享。随着工业化和城市化的快速发展,居民的收入水平不断提高,同时也带来了环境污染和食品安全等问题。这时,消费者的需求已经转向良好的生态环境和高品质的食品。频发的食品安全问题加剧了消费者对食品安全的担忧,社区支持农业在这一背景下兴起。

(一)国际社区支持农业的发展背景

日本的社区支持农业是由城市消费者发起,起源于一些家庭主妇开始关注农药和化肥对食物的污染,以及加工与进口食品数量不断增加,而本地的新鲜农产品却越来越少。于是消费者主动寻找高品质的有机农产品的生产者并与其达成协议,约定农产品生产者按照有机的方式进行生产,消费者会预付高于普通农产品价格的货款。美国的社区支持农业方式多由农户发起,吸引消费者参与。大部分CSA农场不需要消费者参与农产品的生产过程;少部分农场有消费者参股,消费者可直接参与农场劳动与管理。在欧洲,德国于1986年建立了为成员提供农产品的集体农场;英国成立了"箱式计划",由小型有机农场提供预订服务,为消费者提供箱装农产品。

(二)我国社区支持农业模式的发展

近年来,我国的社区支持农业模式进入了快速发展阶段,我国的社区支持农业发展主要有以下几种模式:一是"包地"模式。"包地"模式即由消费者与农户签订契约,约定价格、期限、"包地"面积、种植品种、采摘周期、取货方式等,特别是对农产品生产过程中的农药、化肥使用有严格限制,目的在于保障农产品质量安全,消费者与农产品生产者风险共担、收益共享。在"包地"模式中,消费者无须参与农产品的生产过程。二是参与模式。社区支持农业的参与模式即消费者可以参与到农产品的生产过程之中,在获得高质量农产品的同时体验田园风光和农事乐趣。三是生产者社区直销模式。生产者社区直销模式即以农民合作社(联社)、家庭农场、农业龙头企业等为主体,以连锁经营和社区直供为组织形式,将其生产的农产品通过社区菜店等零售终端网络直接供给社区消费者,实现"农社对接"。终端的商业形式可以是连锁社区菜店也可以是以直营菜店为基础的商业综合体。以天津黑马社区菜店为例,"黑马农产品销售专业合作社联合社"通过在社区建立社区菜店,实现其所生产的100多种农产品的直供直销。四是按份额配送模式。由社区支持农业农场生产农产品,按照消费者与农场约定的价格、品种、配送周期等由农场通过自营物流或第三方物流服务实现农产品的"门对门"送货,既保证了农产品质量安全,又为消费者提供了便利。

二、农产品社群电商供应链模式创新

(一)基于食品社区的农产品电商供应链模式

食品社区模式即以整个社区为农产品销售单位,通过社区集市、电商等平台实现与农产品生产者(农民合作社、家庭农场等)的对接,实质上是一种消费者联盟对接生产者联盟的形式。"产"联盟即生产者联盟,由农民合作社、家庭农场或农业龙头企业组成的供给联盟,"销"联盟即消费者联盟,由消费者自发组成的消费合作组织。在社区支持农业基础上,美国出现了CSA社区集市,每周定时定点在社区进行农产品直销。美国的Farmigo公司以"社区"为销售单位,"社区"可以是临近居住的住宅区邻居,或者一幢办公楼里的同事,一所学校等,"社区"里的每一位消费者都可以自主在网站中点菜,当地农场则会每周将来自同一个食物社区的单个的订单汇总,每周给每个食物社区定点配送一次,随后由消费者自己取回各自订购的食物。

北京的京合农品公司是依托电商平台运作食品社区模式的典型代表。2013年,在北京市总工会的指导下,由北京市总工会职工消费合作社、北京市农研职工消费合作社、北京市政府研究室职工消费合作社、北京联合大学职工消费合作社等若干家企事业单位职工消费合作社组成了北京市职工消费合作社联盟。目前,已有14家单位的消费合作社加入该联盟。职工消费合作社是以共同消费放心、优质、低价、有品牌的安全农产品为纽带成立的职工自治联合体。组建职工消费合作社的目的是建立稳定的、有组织的消费者团体,依托"社社对接"流通模式,与生产者形成稳定的农产品直销直购关系,用直销、团购、参与式保障、电子商务和集中配送等现代智能化供应链管理手段,最大化降低流通成本,达到最大幅度地保障消费者农产品安全水平,最大限度地降低消费者农产品消费成本的目的。

(二)农产品社群电商供应链模式

农产品社群电商是利用微信、微博等具有一定影响力的社群平台,向有共同兴趣爱好、价值取向的消费者群体提供电商入口,由群中的成员自行选择符合群体需求的高品质农产品。与微商经营产品不同的是,兴趣社群电商经营的是客户群体,即先经营农产品客户群体,再根据客户群体的需求向其提供高品质农产品。基于兴趣社群的农产品社群电商模式具有以下特点:一是农产品社群电商的本质是信任,客户间拥有更强的关系连接和信任关系,同时依靠社交平台不断沉淀社群关系。二是优质专业的产品和服务是农产品社群电商发展的基础,依靠高品质商品形成流量入口。三是通过提供与兴趣社群成员需求相匹配的农产品和服务实现流量价值。

有好东西是社群电商平台的代表,致力于打造高品质的家庭生活,其经营模式具有以下特点:一是优质的农产品是维系社群信任的核心。信任是社群分享的基础,有好东西的优质农产品成为社群内维系信任的纽带。有好东西以严苛的质量控制标准保证其所销售的农产品的品质。有好东西在进入农产品销售领域之初就实行了农产品产地直采,并设立了"寻味师"这一特殊职位。"寻味师"的职责在于严格甄选高品质农产品,追溯农产品生产源头,把控农产品健康指标,每一种上线销售的农产品都要经历数轮的测试及试用,尽最大努力提升顾客的购物体验。二是S2B2C的社群电商模式。S即供应链平台,B即直接服务顾客的商家,C即最终顾客。有好东西的S2B2C模式中,S是有好东西社群电商平台,B是有好东西的"甄选师"社群体系,C是每个社群中的顾客。"甄选师"即社群电商中的所谓店主,"甄选师"即是有好东西平台的用户,也是农产品销售人员,每一个"甄选师"都有一个规模在200—300人的微信群,进行商品信息的发布以及购买交流。有好东西的微信社群是依靠"甄选师"群体来运营,5万个"甄选师"运营着5万个微信群,"甄选师"成为有好东西与顾客之间联系的纽带,"甄选师"是商品的销售者和服务者。有好东西平台会协助"甄选师"打造差异化的社群营销模式,通过图文、视频、寻味笔记、晒单等社群运营要素,促进社群内成员间互动,触发社群成员的购买行为。有好东西将"甄选师"打造成高品质农产品的推荐专家和社群的意见领袖，使"甄选师"的每一次群内互动都提供高质量的内容，促进农产品的销售、重复购买以及分享。同时，"甄选师"也会将社群内的消费需求反馈给"寻味师"，协助"寻味师"进行农产品销量预测及更新上游农产品生产标准。三是完善的物流配送服务是高质量服务的保障。物流环节对顾客的最终购物体验具有十分重要的影响。有好东西投入大量资源构建专业的仓配团队，与知名物流服务商进行合作，在农产品运输、包装、存储、配送等方面进行科学管理，保证商品配送的准时性和高效性。

第四节　基于食品安全的农产品供应链协同创新

食品是生活必需品，是人类生存和发展的基础。食品安全问题是世界性难题，直接关系人民群众的健康和生命安全，人民群众对食品安全问题高度关注。党的十九大报告提出，我国的社会主要矛盾已经转化为人民日益增长的美好生活需要和不平衡不充分的发展之间的矛盾，并提出实施食品安全战略，让人民吃得放心。

食品安全问题既是民生问题，也是关乎经济发展和社会稳定的问题。第一，食品安全问题关乎民生，是健康中国战略的重要组成部分。解决食品安全问题是广大人民群众的强烈愿望，也是政府保障和改善民生的重要任务。如果食品安全问题解决不好，即使国民生产总值增长再快，人民群众的满意度和幸福感也不会提高。第二，食品安全关乎经济发展，食品产业健康发展将成为扩大内需，促进经济发展的强大动力。食品安全问题多发会使消费者丧失信心，严重打击食品相关产业，进一步危及我国食品及农产品的出口，影响经济发展。第三，食品安全问题影响社会稳定，互联网等现代传媒工具使得信息的传播速度和范围不断增大，加之公众对食品安全的高度关注以及食品安全风险的"社会建构性"，使得公众的"舆情沸点"

较低。食品安全事件的信息传播速度远快于其他事件，如果处置不当则容易造成公共信任危机，直接影响食品产业发展和政府公信力。

联合国粮农组织（FAO）和世界卫生组织（WHO）在《保障食品的安全和质量：强化国家食品控制体系指南》中提出，食品安全一般涉及那些可能使食品对消费者的健康造成伤害的所有危害因素，无论这些伤害是马上出现还是长期潜伏。FAO和WHO进一步指出，食品的工业化生产方式及食品贸易的全球化使得食品安全面临更大挑战，这其中包括农兽药残留、微生物危害、滥用食品添加剂、化学污染物以及人为掺假等。

一、农产品质量安全问题的成因

农产品质量安全问题受多方面因素综合影响，FAO和WHO认为发达国家的食品安全风险主要源于生物污染和新技术的应用，发展中国家的食品安全风险则主要源于种养殖业的源头污染，食品添加剂的不规范使用，特别是人为制售不安全食品的问题比较严重。近年来出现的"毒姜""毒小麦"等事件极大地冲击了消费者对农产品的信心，消费者普遍担忧农产品的质量安全问题。

（一）农产品质量安全问题的表征原因

农产品供应链长且复杂，供应链中任何一个环节的质量安全问题都会导致问题食品的产生。本书将分析农产品供应链不同环节可能产生的食品安全问题。

1.农产品生产源头的质量安全问题

农产品生产源头的质量安全风险包括以下几方面：一是农业生产环境污染造成的农产品质量安全风险，如水资源污染、土壤重金属污染、空气污染等。由于城镇化进程的不断加快，很多地区的工业、农业地块混杂，造成部分农田周边的环境受到污染，进而导致这类农田所产出的农产品有害物质超标。此外,部分地区长期的农田污水灌溉造成了土壤重金属超标。农药、化肥等的过量使用,不但污染了耕地,也增加了农产品质量安全的隐患。

2.农产品加工中的质量安全问题

农产品加工中存在的质量安全隐患主要表现为:一是初级农产品加工和食品制造行业的卫生保障能力还有待进一步提升。在食品生产加工环节,全国仅获得生产许可证的食品企业就达17万多家,这还不包括几十万家食品生产加工小作坊。由于自身卫生意识、监管资源约束等问题,部分食品加工从业者无法达到规定的卫生标准要求,特别是很多城乡接合部地区存在无照经营食品加工业务的情况,造成了很大的食品安全隐患。二是少数不法分子违规使用食品添加剂、使用非食品原材料生产加工食品、故意制假掺假。

3.农产品流通中的质量安全问题

农产品流通中存在的质量安全问题主要表现在以下几方面:一是物流过程中造成的农产品损耗,特别是生鲜农产品损耗严重。由于很多农产品都采用常温运输,且包装多为纸箱或泡沫箱,使得我国的生鲜农产品在流通环节的损耗高达20%—30%。传统物流过程不仅造成农产品损耗,同时会造成农产品质量水平的下降。二是农产品流通过程中不规范操作造成的农产品质量安全问题。部分不法企业在农产品收购、存储、运输过程中过量使用保鲜剂和防腐剂,造成农产品有害物质残留超标。三是部分不法经营者违规销售变质食品或假冒伪劣食品,严重危害消费者的身体健康。

(二)农产品质量安全问题的内在原因

农产品本身的内在属性以及我国农产品市场结构是产生农产品质量问题的内在原因。

1.农产品的信任品属性诱发农户机会主义行为

长期以来,经济学研究将农产品视为同质的,认为农产品市场可以近似看作完全竞争市场。但现实中,农产品质量信息在农户与消费者之间以及农户和其他生产经营者之间是不对称的。信息不对称必定导致信息拥有方为谋取自身更大的利益而使另一方的利益受到损害。基于信息不对称理论,纳尔逊、达比和卡将商品划分为搜寻品、经验品和信任品三类。搜寻品在购买之前即可知道其特征;经验品需要在购买并消费后才可知道其特征;而信任品即使在购买并消费后也难以判断其特性。在自然生产方式下,农产品具有典型搜寻品的特征,即质量差异较小。现代生产方式对农产品内在质量影响很大,特别是化肥、农药、饲料等的大量使用,已经使农产品的质量属性具备经验品和信任品的特征。质量的隐匿性一方面使消费者无法获得有关农产品质量的信息或者获取信息成本高昂;另一方面降低了其农户质量投入的动机,增加了农户机会主义行为发生的可能。当消费者无法对农产品质量进行辨别时,农户选择生产低质量产品的短期和长期预期收益均高于生产高质量产品的收益,因此农户存在生产低质量产品并按高质量产品价格出售的机会主义倾向,甚至实施"明知不可为而为之"的败德行为。在某些地区,使用高毒农药、重金属含量高的化肥以及无视农药安全间隔期已经成为默认的"行规",成为一个区域农户的共同行为。由此可见,农产品的信任品特征诱发农户实施机会主义行为,从而成为造成农产品质量安全问题的重要原因。

2. 农产品市场结构造成农户质量投入动机不足

根据贝恩提出的结构—行为—绩效(SCP)范式,市场结构对卖方行为有着重要影响。我国的农产品市场结构总体上是一个买方垄断的二元市场,表现为农产品的直接买方不是最终消费者而是中间商,在农产品首次销售中,数量众多且分散经营的农户面对的是数量较少的买方;在最终销售中,数量较少的卖方则面对众多的、分散的消费者。在这种情况下,农民议价能力较弱,处于不利的市场地位,增加产量、保证数量、提高收益往往成为农户的第一选择。

(1)小农生产方式下农户的盈利需求。单个农户是农业产业链上的弱势群体,对其所生产出的农产品基本没有定价权,中间商往往以极低的价格收购农产品获取暴利,致使农户的利益无法得到保障,因此农户缺乏安全生产的动力,有时还会采取机会主义行为谋求短期的利益。以西奥多·舒尔茨为代表的理性小农学派认为,市场机制中,农户家庭经营的目的同样是追求最大利润。农产品数量和农产品质量是一对矛盾。减少化肥、农药、生物产品的使用,带来的可能是产量的降低。对于农户来说,放弃产量增加而保证质量是不切实际的,而且质量的提高未必能够带来预期的收益。因此,在农户的经济利益没有发生根本改变的条件下,其自身生产的小规模性、经营的分散性、资金技术力量的薄弱性决定了单个农户更看重数量指标。

(2)农产品生产流通中的质量制度供给不足。我国农产品的收购大多数是在产地完成,由于农户生产规模小、相对分散,且组织化程度低,很难直接与消费者或大宗批发商交易,首次销售一般是由批发商或食品企业在产地直接向农户采购。由于单个农户生产的农产品数量少、种类多、标准化程度差,给批发商、农业企业检验检测农产品质量带来巨大成本。现实情况是中间商或企业通常只检查农产品的大小、色泽等直观属性,很少对农药残留量等进行技术性检测。另外,我国企业和公共农产品质量检测供给存在明显不足,全国食品生产企业中仅有1.2%的企业具备食品添加剂、生物毒素、农兽药残留、微生物等全项目检测能力,5.1%的企业具备有毒有害物质分析检测能力,23.3%的企业具有有限的常规质量检测能力。农村基层农产品质量公共检验检测资源匮乏,无法实现对农产品质量的全面检测,很多农产品都是农民自行送检。由于公共规制和企业质量检测的供给不足,机会主义行为成为农户的普遍选择,造成农产品质量投入动机不足。

(3)两头分散的市场结构中无法发挥声誉机制作用。由于生产端大量农户的分散经营,使得声誉机制对农户行为的约束力较弱。在农产品市场中,每一个农户都是无数市场供给者之一,需求方对单个农户的身份辨识度极低,每一次交易都可视为非重复博弈,农户行为对其长期收益和关联收益的影响较小,声誉机制对农户的约束力较弱。消费者无法通过声誉激励机制对生产低质量产品的农户进行筛选,因此,生产低质量产品并以高价出售将是农户的最优决策。

二、农产品供应链的协同质量管理

供应链协同管理思想已经引起了国内外理论界和企业界的广泛重视,取得了很多研究成果。1995年,沃尔玛、华纳—兰伯特等5家公司联合研究并实施了基于供应链协同管理思想的协同计划、预测和补货,实现客户服务与库存之间平衡关系的改善。李认为供应链成员间通过协同重新配置决策权、工作流程及资源,可以带来更好的绩效。拉森提出了供应链合作的内容,包括联合计划、联合产品研发、信息交换和整合信息系统、长期合作及风险收益共享。西马图庞等提出了供应链协同的四个模式,即物流同步、信息共享、集体学习和合作激励。拉森等提出两个或多个供应链成员协同的策略,包括联合决策促销活动及同步制订预测计划。阿克曼斯和保罗·博杰德建立了供应链协同的理论模型,证明了供应链各节点企业的联合努力、信任和透明度是实现供应链协同的关键要素。希尔和奥马尔提出供应链成员在联合决策生产计划的基础上,通过联合最小化运作成本和收益共享实现协同。国内学者也对供应链协同进行了很多研究。张翠华等提出供应链协同管理的研究主要涉及战略层协同、策略层协同和协同技术三个方面。于晓霖和周朝玺提出提高供应链协同效应的途径主要是职能层的信息、资金和库存的协调以及战略层的信用和依赖因素。曾文杰和马士华从供应链关系形成的角度,建立了供应链协同影响因素及相互关系的假设模型,提出沟通和信任对协同运作的影响最为重要,并以信息共享、同步决策和激励联盟作为指标对协同效应进行评价。

在农产品供应链协同研究方面:肯·格里姆斯代尔以蔬菜为研究对象,分析了以生产商为核心的农产品供应链协同问题,提出了生产商与零售商之间建立有效农产品供应链的条件,主要包括:战略联盟、沟通能力、生产运作能力、生产柔性、持续供给能力以及质量控制能力。简·巴尔曼和阿希姆·斯皮勒以德国的猪肉供应链为案例,研究了生鲜农产品供应链协同与食品安全之间的关系,并提出了农产品供应链的协同模式,包括信息共享、集体学习、沟通以及统一市场。国内学者针对中国农产品的市场现状进行了一些研究。邓若鸿等提出了以农产品批发市场为中心的协同商务模式,主要包括建立批发市场间信息采集与交换网络,打造整个流通体系的信息共享平台;建立农产品流通的协同计划和预测模式。许金立和张明玉将农产品供应链的协同方式分为战略层协同、战术层协同及操作层协同三个层次。其中,战略层协同主要包括文化认同、目标统一、协同决策、风险分担、收益共享等内容;战术层协同是战略层协同的实施;操作层协同是通过协同技术的使用为协同战略的实施提供共享与沟通平台。谭丹和朱玉林提出了农产品绿色供应链的协同战略,具体包括观念协同、制度协同、关系协同、资源协同、流程协同、技术协同、信息协同。彭建仿分析了基于供应链协同的农产品质量安全路径创新,提出了基于质量安全的农产品供应链协同模型,其中协同的驱动因素包括利益共享、资产专用性、依赖程度、接触频率、相互信任、理念融合(质量安全意识、合作意识等)、信息共享、知识共享等因素。徐良培、李淑华和陶建平认为签约农产品的专用性是供应链协同的重要影响因素。具体而言,产品的专用性越强,供应链协同机制的效果越好。陈灿和罗必良根据我国农业龙头企业与农户间合作的特点,从关系治理角度提出了农产品供应链合作的关键因素,包括信任、企业伦理、互惠、互动强度。

(一)基于质量安全的农产品供应链协同机制

与制造业供应链相比,农产品供应链被认为整体上处于一种"弱集成"局面和"粗放集成"模式。在现有"公司＋农户"模式中,企业与农户之间多为交易关系,短期行为和对策性行为普遍存在,对订单合同的履行率较低,农户与企业之间没有形成长期稳定的合作伙伴关系。当前,我国农业生产方式仍是以大量分散的个体农户经营为主,面对快速变化的农产品价格和品种信息,个体农户应接不暇,有关具体品种的种植情况、销售渠道、价格发现、讨价还价等的信息非常匮乏,很多信息对农民来说是不可获得或不可确认的,或者获得与确认所需费用非常高昂。与之相对,龙头企业较农户有更强的市场驾驭能力,农户由于缺乏组织性且信息不灵通,在与龙头企业的谈判中经常处于弱势地位,而龙头企业凭借组织、规模、信息等优势侵占农民利益,由此造成的结果是双方均采取对策性行为,相互之间无法建立信任。同时,由于农产品价格的波动性和市场环境的复杂性,造成了农户与龙头企业之间交易的不确定性,出于对利益的追求,双方均有较强的违约动机,采取追求短期利益的机会主义行为,进一步加剧了双方之间的不信任程度,使得交易关系的持续性难以保证。

供应链协同管理可以有效解决上述问题,供应链协同要求各节点企业通过公司协议或联合组织等方式结成一种网络式联合体,节点企业可动态地共享信息、紧密协作、向着共同的目标发展。对于农产品供应链来说,通过协同管理可以缓解农产品供应链失调和"牛鞭效应",提高供应链运作效益和经济收益,有助于克服双重边际效应,实现龙头企业与农户的双赢。农产品供应链的协同要有相应的机制作保障。笔者基于文献综述中的分析,总结了国内外学者对供应链协同及农产品供应链协同关键要素的相关研究成果,提炼出了五个关键协同机制,分别是收益共享、信任、协同决策、信息共享和沟通,具体如表5-1所示。

表 5-1 基于文献提炼的农产品供应链协同关键机制

项目	文献来源	收益共享	信任	协同决策	信息共享	沟通
供应链协同	兰伯特等	√				
	拉森	√		√	√	
	李			√		
	西马图庞等	√			√	
	拉森			√		
	阿克曼斯和保罗·博杰德		√		√	
	希尔和奥马尔	√		√		
	于晓霖和周朝玺		√	√		
	曾文杰和马士华		√		√	√
农产品供应链协同	简·巴尔曼和阿希姆·斯皮勒				√	
	许金立和张明玉	√		√		
	邓若鸿等			√		
	彭建仿	√	√		√	√
	陈灿和罗必良	√	√			√

1. 收益共享机制

农产品供应链主体间形成利益共享、风险共担的经营机制是农产品供应链发展的本质,也是提高农民进入市场程度的核心和关键所在。小农户要融入农产品供应链必须解决两个问题:一是他们的结合能否产生合作剩余;二是合作剩余如何分配。如果"公司+农户"的结合能够产生合作剩余,那么,如何分配合作剩余就成为二者结合的关键。对于农户来说,不但要承担专用性资产投资风险,而且在与龙头企业的利益博弈中也往往处于弱势地位。在单次博弈情况下,农产品供应链成员往往会陷入"囚徒困境",行为主体在短期利益驱动下实施机会主义行为满足其利益最大化目标。具体表现为农产品供应链上游提供以次充好的原材料,下游支付给供应商劣质原料的价格,如此无法实现供应链中的食品安全。

2. 信任机制

信任机制是供应链主体之间合作的基础和关键。在供应链合作关系中,信任是一方对另一方的积极预期,通过观察了解对方的言行相信对方不会采取机会主义行为。农产品供应链的关系不稳定性导致供应链主体间缺乏信任,在利益的驱动下容易发生机会主义行为。信任是农产品供应链行为主体进行质量合作的关键和基础,对保障食品安全具有重要意义。信任机制的建立需要农产品供应链成员的相互了解与熟悉,依赖于相关的及有限的过去经历。信任的建立可以通过以下两种方式:一种是威慑,即对不合作者采取"投桃报李"或"冷酷战略",例如,百胜餐饮集团对供应商实行食品安全一票否决制,只要被抽检到一次不合格,将被取消供应商资格;另一种是通过关系治理或关系专用性投入使农产品供应链行为主体间形成一种相互依赖、互惠互利、共同发展的心理契约,从而建立起彼此之间的信任。

3. 协同决策

处于供应链中的任何企业决策模式应该是基于开放信息环境下的群体决策模式。供应链管理实践中实施合作规划、预测、决策具有重要价值。对于农产品供应链来说,包括农户、龙头企业在内的供应链成员决策信息的来源不再局限于其自身,而应在开放的信息网络环境下不断进行信息交换和共享,通过供应链协同决策提高整个供应链的效率和绩效。协同决策的内容涉及上下游节点间的需求预测协同、生产计划协同、物流协同、库存协同、质量控制协同和销售与服务协同等。基于食品质量控制的农产品供应链协同决策包括以下三方面:

(1)质量保证能力协同。解决食品安全问题需要农产品供应链上所有成员的共同参与。农产品供应链每一个成员的质量保证能力都将在很大程度上影响食品的质量。如果农产品供应链中某一环节的质量保证能力较弱,将影响供应链其他合作伙伴能力的发挥,导致其他合作伙伴质量保证能力的损失。农产品供应链核心企业应对供应商、分销商、物流服务商等合作伙伴进行分类动态管理。对合作伙伴的质量保证能力进行动态评价,按照评价结果对合作伙伴进行分类,对质量保证能力不同的合作伙伴采取不同的质量控制策略。如果合作伙伴的质量管理能力较强,则可以减少控制环节;如果合作伙伴的质量管理能力一般,则应加强质量控制,并帮助其实现质量改进和提高质量管理水平。

(2)质量标准协同。标准化是质量管理的基础。为了实现农产品供应链质量安全,供应链不同主体的质量管理标准的统一和协调十分必要,统一的标准有利于农产品供应链不同主体之间在技术、质量和绩效评价上的对接。农产品供应链质量标准协同主要包括三方面内容:技术标准协同,即农产品供应链不同主体的技术具有相互协调性和兼容性;质量管理标准协同,包括技术管理标准、生产组织标准、流通组织标准、业务管理标准等;绩效标准协同,绩效标准协同应立足于农产品供应链整体质量绩效提升,促进供应链不同主体间的合作与协调。

(3)质量组织协同。农产品供应链的质量组织协同要求以质量保障为核心,构建农产品供应链核心企业与供应商和销售商的动态联盟。质量组织协同的本质是联合质量管理,农产品供应链主体共同承担供应链食品安全责任。农产品供应链的质量组织协同包括两方面内容:质量投入协同,即对供应链中的资源配置进行协同,包括对专用性资产的投入安排;质量控制协同,即由农产品供应链核心企业对供应链质量控制权进行配置,明确控制目标、责任和协调机制。

4. 信息共享

质量信息不对称是食品生产者从事机会主义行为的内生激励。在农产品供应链中,农户对农产品农药残留的信息掌握程度要好于加工企业和销售商;而对于生产工艺和添加剂的使用等信息,加工企业要好于销售商;对于消费者对高质量食品的识别能力和支付意愿等信息,销售商显然要好于前两者。在这个过程中,农产品供应链行为主体对不同类型信息的掌握程度有优劣之分,任何一方为了一己私利而隐匿食品安全信息,都会影响整个供应链食品安全目标的实现。信息共享机制是农产品供应链协同管理的基础,有利于供应链成员间理解对方的决策与行为,减少投机性行为,信守质量合作愿景,建立长期合作导向,提高供应链的整体竞争力。为保障整个农产品供应链质量安全,供应链核心企业应对不同主体的质量信息进行集成,创建信息共享平台,使供应链各节点在质量信息的掌握与利用上实现同步,提高质量信息的可靠性和利用率。

5. 沟通

沟通对协同的影响非常显著,在协同运作中有战略性的作用,信息共享倾向于具体运作过程,而沟通更侧重于组织及人员间的关系上。沟通不良是导致冲突的最主要原因,因此合作双方必须进行有效沟通。对于农产品供应链来说,沟通可以提升企业与农户之间的人际关系水平、降低交易成本和交易风险、促进信息共享、增进相互信任,有利于形成长期稳定的交易关系,共同加强质量控制。由于农户经营分散,信息获取成本更高,且理性程度比企业更为有限,因此在农产品供应链中,有效沟通的主导方只能由核心企业担任。陈灿等认为,龙头企业与农户之间较强的互动,会使农户对龙头企业表现出各种正面情绪,包括感恩、承诺程度更高等。首先,龙头企业应与农户共同商讨合理的利益分配机制,建立长期合作导向;其次,龙头企业应多渠道收集农民意见,及时主动与农民化解矛盾;最后,龙头企业应与农民分享企业生产经营和市场信息,就共同发展目标达成一致意见。通过有效沟通,获取农民信任,建立长期稳定的供应链合作关系,共同致力于食品质量的提升。

(二)基于质量安全的农产品供应链协同模式

迈厄尔和琼斯提出供应链纵向协作包括市场交易、合同生产和纵向一体化三种基本形式。斯派克曼等将供应链合作关系的发展分为四个层次,即纯粹交易关系、合作、协调和协同,其中,后三个过程即为供应链关系发展的C3行为。本书将食品安全视角下的农产品供应链协同分为战略联盟、外部资源管理和纵向一体化三种模式。

1. 战略联盟

战略联盟是现代产业发展与激烈的市场竞争的产物,与传统的充满敌对关系的买方—卖方关系不同,战略联盟通过增加相互信任、共享信息和统一目标等方法,取得双方共同的持久利益而形成一种长期合作的关系。本书中的战略联盟是指建立在长期战略合作关系基础之上,供应链成员间拥有连续稳定的交易,且各方均通过专用性投资维持合作关系的合作组织形式。战略联盟的建立对于农产品供应链的质量改进具有重要意义。通过战略联盟,供应链中的核心企业与较少数优质供应商形成长期交易和相互依赖的关系,可以减少农产品供应链中的不确定性及机会主义行为或"敲竹杠"行为,增强行为主体质量投入的动机。以麦当劳的供应商管理为例,麦当劳的核心竞争力之一就是与一级供应商的联盟关系。麦当劳不直接面对原料商,而是通过管理供应商来控制上游原料的品质。在供应商看来,麦当劳是他们"亲密的合作伙伴",麦当劳与冷冻薯条供应商辛普劳、冷链物流服务供应商夏晖已经有了数十年的稳定合作关系,麦当劳严格的品质管理理念早已深入供应商的心中。

2. 外部资源管理

马士华和林勇较早地提出了外部资源管理的概念,其核心是由事后把关转变为事中控制。其思想强调合作关系的建立、参与供应商的产品设计、质量控制、协调供应商计划和为供应商质量改进提供支持。农产品供应链下游主体不能把所有的质量提高责任都交给上游主体,而应采取合作的态度共同提高产品质量。外部资源管理实际上是通过提供资源增加对上下游产品的控制,核心企业有权指定或监督供应商的生产过程,控制关键投入品的使用。农产品供应链协同中的外部资源管理是指核心企业参与上游供应商的质量控制过程,为上游供应商质量改进提供支持,双方建立起一种互惠互利的合作关系。

3.纵向一体化

纵向一体化是指一个企业同时控制更多供应链系统的产品生产或营销阶段。威廉姆森认为纵向一体化是建立在层级关系的基础之上,受上下级之间的层级关系控制,属于内部管理,控制程度最高,交易双方之间相互依赖、信息开放式流动以及利益共享。纵向一体化是最有利于质量控制的农产品供应链协同模式,对资源配置及生产控制的程度最高,可以有效降低交易成本,减少信息不对称问题对质量的影响。以广东温氏集团的肉鸡产业链为例,在初级生产端,公司依靠其成熟的"公司+农户"模式为产业链下游提供安全的产品原料。公司通过统一种苗、统一饲料、统一防疫、统一管理、统一销售、分户饲养的"五统一分"模式控制养殖源头的质量安全,并做到全过程监控。在加工环节,建立了HACCP质量管理体系,保证加工过程的食品安全。在运输销售环节,实施全程冷链配送,确保流通过程中的产品质量。

三、农产品供应链核心企业的质量协同管理策略

农产品供应链是一个复杂的系统,供应链上每个环节的质量管理和控制都会直接影响食品安全。由于农产品供应链的关系不稳定性、信息不对称性及双重边际性特点,行为主体往往会陷入"集体行动"的困境,即理性的供应链主体不会采取行动以实现供应链的共同利益,解决这一问题的有效方式是成员一致性和选择性激励。在供应链中,能够凭借自身的资源和竞争优势而将其他配套主体吸引在自己周围,形成协调一致的网链结构的企业称之为核心企业。核心企业一般具有较强的市场竞争力和品牌资源,在供应链中最具资源

动员能力、信息收集处理能力和沟通能力。因此,食品安全视角下的农产品供应链协同是以核心企业为中心进行的战略性质量协作,建立起统一、标准的食品质量保证体系。农产品供应链质量协同控制过程中,不断地激励合作伙伴,改进质量、提升质量保证能力尤为重要。供应链合作伙伴的质量改进意愿与核心企业的质量协同策略密切相关,农产品供应链核心企业应采取以下策略,增强供应链成员的质量改进动机,保障供应链食品安全。

(一)质量激励策略

1. 跨期支付机制

农产品供应链行为主体间的合作关系不稳定性会促使参与人实施机会主义行为,追求短期利益最大化。供应链食品安全实际上是供应链行为主体在不对称信息条件下博弈和利益均衡的结果。以下两种原因导致供应商提供劣质产品或原料:一是质量信息不对称。在非长期合作预期下,由于质量信息的不对称,追求短期利益最大化的机会主义行为成为上游供应商的最优选择;二是非合作预期影响。在农产品供应链中,核心企业一般拥有更多的控制权,上游供应商如进行质量改进的专用性投入,就会面临被"敲竹杠"的风险,加之违约成本较低,高价出售低质产品成为其最优选择。跨交易周期的支付机制是一种将短期交易变得长期化的有效方法。在基于质量保障的跨期支付机制约束下,供应商会增强其质量控制的动机和自律行为,因为供应商的收益受当期产品质量和以往产品质量的双重影响,以往的机会主义行为不仅会减少其当期收入,还会失去合作伙伴,违约成本较高。

2. 违约惩罚机制

曼瑟尔·奥尔森认为,除非一个集团中人数很少,或者除非存在强制或其他某些特殊手段使个人按照他们共同的利益行事,有理性的、寻求自我利益的个人不会采取行动以实现他们共同的或集团的利益。在双重边际效应的影响下,部分供应链成员的机会主义行为会损害农产品供应链的整体利益,难以实现食品安全的目标。为此,要保证农产品供应链中的行为主体提供安全产品,必须设计质量违约惩罚机制,提高供应商的违约成本。在农产品供应链中,对关键原料供应商应实施质量安全"一票否决"制,一旦违约提供劣质原料即列入"黑名单",在长时间内取消其供应商资格。同时在供应契约设计中,应增加违约惩罚力度,使得违约惩罚会远超其非法所得,迫使供应商始终提供质量安全的产品。

3.信号传递机制

一般来说,食品质量的信息属于供应链行为主体的私有信息,核心企业要想掌握这一信息必须进行质量检测,但全面的质量检测会带来成本的急剧上升。斯宾塞和莫里斯的研究表明,通过实施信号机制可以自动地区分优质品、劣质品的供应商,原因在于对这两类供应商来说,传递"产品为优质品"的质量信号的成本是完全不同的。根据"斯宾塞—莫里斯条件",农产品供应链中的质量信号传递机制可以通过实施"质量保证金"制度来实现。优质品供应商会主动传递愿意缴纳"质量保证金"的信号,因为他们自信其产品质量优良,销售后保证金会如数退还;而劣质品供应商则不愿意发出支付"质量保证金"的信号,因为他们知道他们的产品在销售后保证金无法得到返还。正是由于优质品供应商和劣质品供应商在发送支付"质量保证金"信号后成本的巨大差异,理性的供应商会做出不同选择,以使其有关产品质量的私有信息能够有效地传递给买方,实现了信息不对称环境下买方对卖方产品质量的有效识别。

(二)合作伙伴管理策略

1.合作伙伴选择策略

核心企业可以根据供应商、分销商或物流服务商的质量管理水平、产品或服务质量水平等供应链质量管理要求选择合作伙伴。根据成员企业质量信息评价系统提供的信息调整合作伙伴。按照质量管理评价结果和合作伙伴的重要性程度,核心企业可以对食品供应链合作伙伴实施分类管理,将合作伙伴分为战略伙伴关系、紧密合作关系、一般关系、合同关系和买卖关系,对于不同的合作关系,核心企业应提出不同的质量保证要求。一般来说,供应链合作关系越紧密,对质量保证体系的相容性和互补性要求也就越高,以保证合作企业质量系统与核心企业质量系统深层次的融合。

2. 供应链成员质量评价策略

核心企业通过收集和统计食品供应链成员企业的质量问题与质量改进业绩,对供应链成员企业的质量控制和质量改进行为进行评价。根据成员企业的质量行为和质量业绩,对其采取激励或惩罚措施,如淘汰、提高或降低供应商级别。通过质量评价激励供应链成员提升质量控制绩效,保证供应链质量控制目标的实现。

3. 供应链质量信息集成策略

核心企业应构建农产品供应链质量信息集成系统,该系统的功能有三个:一是收集、分析、整理、存储来自食品供应链各成员企业以及最终用户的信息。二是承担质量信息查询与发布职能,方便食品供应链成员企业质量信息共享。三是将收集到的质量信息经集成后及时反馈给供应链成员企业,特别是将需要进行产品或服务质量改进的信息传递给相关企业。

(三)农产品供应链协同质量管理技术策略

基于食品安全的农产品供应链协同离不开技术的支撑,技术体系可以有效提升农产品供应链协同质量控制的效率和效果。农产品供应链协同质量管理的技术支撑体系包括质量控制技术和相关信息技术。

1. 质量控制技术

一是危害分析和关键控制点(HACCP)。HACCP 是食品质量控制的重要手段，HACCP是食品国际贸易中重要的卫生标准。HACCP技术是基于食品安全管理问题的一个简单的方法预防常识和逻辑控制系统。二是质量可追溯系统。可追溯系统为食品供应链中生产者与其他参与者之间的互动提供平台，以满足消费者对食品安全的要求。三是良好生产规范认证（GMP）。GMP规定了持续生产质量安全食品所必需的政策、做法、程序、过程和其他预防措施。四是良好农业规范认证（GAP）。GAP建议了农产品种植、收获、包装和储存等农业生产过程中减少微生物污染的做法。农产品供应链协同质量管理的技术支撑体系具体如表5-2所示。

表5-2 农产品供应链协同质量管理的技术支撑体系

序号	技术	描述
1	危害分析和关键控制点（HACCP）	(1)执行危害分析。 (2)确定关键控制点（CCPs）。 (3)为每一个关键控制点设定临界值。 (4)监控和控制每一个关键控制点。 (5)建立关键控制点超过临界值后的纠正措施。 (6)建立HACCP的验证系统。 (7)建立文件系统
2	质量可追溯系统（traceabiliiy system）	(1)绘制农产品供应链的流程图，包括种子、饲料和原料等物质输入来源。 (2)任命负责追溯系统的质量主管。 (3)实施HACCP技术。 (4)定义食品供应链中每一步必须记录和追溯的信息。 (5)开发标签系统。 (6)测试可追溯系统

续表

序号	技术	描述
3	良好生产规范认证(GMP)	(1)食品制造场所的卫生规范。 (2)食品生产机械的卫生规范。 (3)工厂和设备的消毒和清洗程序。 (4)食品加工中的卫生和安全措施,包括供应商质量保证,生产过程操作卫生规范、食品安全人员卫生规范、病虫害防治、水和空气控制、劣质产品的返厂和召回程序、废物管理、可追溯性和标识系统、运输系统等
4	良好农业规范认证(GAP)	(1)灌溉水质量。 (2)种植场所环境。 (3)危险物质使用的要求。 (4)产品储存和运输。 (5)无病虫害生产。 (6)生产中的质量管理。 (7)收获以及收获后的管理。 (8)数据记录

2.质量控制信息系统

质量控制技术的实施需要信息系统的支撑。农产品供应链协同质量管理信息系统应包括食品质量信息的收集、分析、追溯、风险预警、信息发布等功能。一是信息收集。全面收集农产品生产、加工、流通、零售环节的质量信息,实现供应链的集成化、无缝化质量控制;应用无线射频身份识别技术(RFID)、地理信息系统(GIS)、食品质量快速检测技术等实现对农产品供应链的全过程追踪。二是信息分析和预警。应用大数据、云计算等技术对农产品供应链数据进行分析,建立质量安全风险预警以及快速响应机制。三是信息发布和服务。建立食品安全的查询与服务平台,使农产品供应链中的相关主体可以实时查询质量信息,实现食品安全信息的共享共用。

第六章 农产品电子商务绿色发展

第一节 农产品绿色生产

农业绿色发展是当前和今后我国农业发展的主题,是大势所趋。改革开放以后,我国农业发展取得了举世瞩目的成就,粮食产量连年增长,解决了十几亿人的温饱问题,但不容忽视的是,长期粗放式的增长也使得我国农业发展面临新的挑战,特别是农业面源污染严重,农产品质量安全问题频出。绿色发展是农业发展方式的重大变革,这既需要技术创新的支持,更离不开制度保障。制度不仅影响着农业产前、产中、产后环节,同时也会影响绿色农产品及农业生态的价值实现。

一、绿色农业发展的驱动因素

农业绿色发展是农业发展方式的深刻变革,本质上是一种制度变迁。林毅夫定义了诱致性制度变迁与强制性制度变迁。其中,诱致性制度变迁是指现行制度安排的变更和更替或新制度安排的创造是由一个人和一群人在响应获利机会时自发倡导、组织和实行的。强制性制度变迁则是由政府命令、法律引入和实行的。本部分将从诱致性制度变迁和强制性制度变迁两个角度分析农业绿色发展的驱动因素。

（一）诱致性驱动因素

农业绿色发展首先源于需求变化带来的获利机会。改革开放以来，随着经济社会的快速发展，消费者的收入水平、食品消费结构、消费价值观均发生了深刻的变化。1978年全国人均可支配收入为171元，到了2017年，全国人均可支配收入达到25974元，比1978年增长22.8倍，年均增长8.5%。农产品的消费结构也从过去以粮食为主转向对蔬菜、水果、肉、禽、鱼、蛋、奶的更多需求。在对农产品数量满足种类多元化要求的同时，消费者对农产品质量安全的要求也达到了前所未有的高度，特别是在2008年三聚氰胺重大食品安全事件之后。当前，很多消费者在购买农产品时，首先考虑的因素已经是质量而不是价格，部分消费者已经通过参与社区支持农业等方式规避质量不安全的农产品。部分农业从业者顺应了这种农产品需求和消费价值观的改变，看到了农业绿色转型可能带来的潜在获利机会，早已开始了农业绿色发展模式的探索，成为农业绿色发展的推动者和创新者，如发展社区支持农业、农产品众筹和定制、生态休闲农业等。这种自下而上的实践，成为推动我国农业绿色发展的基础和重要力量。

（二）强制性驱动因素

强制性驱动的主体是国家和政府，即政府通过行政命令或引入法律来推动农业绿色发展转型。由于自下而上的诱致性驱动是渐进性的，一般是先易后难、先试点后推广，这个过程一般需要经历较长的时间。然而面对我国农业生态环境日益恶化的趋势以及农产品质量安全问题的严峻性，农业绿色发展转型已经时不我待，迫切需要政府做出一系列强制性的制度安排。同时，由于农业绿色发展的外部性，很多问题无法通过市场机制来解决，需要政府的制度和政策创新来推动解决。当前，政府正以壮士断腕的决心和前所未有的力度推动生态文明建设，污染治理力度之大、制度出台之频繁、监管执法尺度之严、环境质量改善速度之快前所未有。

二、农业绿色发展的制度逻辑

近年来,尽管我国农业的绿色转型取得了很大成就,但长期粗放式增长所积累的农业生态问题解决起来绝非一朝一夕之功。农业绿色发展是农业发展方式的根本性变革,是一个系统工程,不能仅依靠农业领域单独发力,而应统筹全局、协调行动。制度创新理论更接近于现实,从制度经济学视角进行分析更有利于从全局角度解决当前农业绿色发展中存在的问题,有利于在顶层设计上实施统筹推进。

诺恩和戴维斯运用成本收益分析法分析了制度变迁的动因及过程。他们认为制度变迁的过程可以视作一个均衡—非均衡—均衡的过程,制度创新的基本条件是贴现的预期收益超过预期成本,只有满足这个条件,个体或者集团才有动力去实施制度创新。农业绿色发展本质上是一种制度创新,是对传统农业发展模式的深刻变革。根据诺恩等人的观点,由传统农业向绿色农业的制度变迁过程会受到以下几个方面因素的驱动:①新的潜在收益的产生。这种新的潜在收益主要来源于四个方面,即新技术应用及规模经济所带来的利润、外部性内部化带来的利润、克服风险带来的利润、交易费用转移与降低带来的利润。②组织或者群体(个人)操作—新的制度安排的成本发生改变。③政治法律的某些变化可能影响制度环境,进而影响利润获取及分配。基于以上分析,本书认为农业绿色发展的制度逻辑包括以下几个方面,即通过以下改进可以使农业绿色发展实现预期收益。

(一)降低交易费用

罗纳德·科斯认为交易费用是获得准确的市场信息所需要付出的费用,以及谈判和经常性契约的费用。威廉姆森认为交易费用包括两部分:一是事先的交易费用,即在签订契约中规定交易双方的权利、责任等所付出的费用;二是事后的交易费用,即在签订契约后,为解决契约本身存在的问题、改变契约条款及退出契约所付出的费用。农业绿色发展的根本目的是要为公众提供质量安全的农产品。然而,农产品本身具有信任品属性,公众即使在消费之后也无法判断农产品的质量优劣。农产品生产经营者与消费者之间有关农产品质量的信息是不对称的,对于农产品质量,农产品生产经营者掌握的信息要远多于消费者。因此,农产品市场具有典型的"柠檬市场"特征,在市场中存在"逆向选择"行为,即优质的农产品无法卖出与其品质相符合的价格,造成农产品市场中的"劣币驱逐良币"现象。因此,农产品市场交易中存在较大的交易费用,存在为保护自己的利益、提防卖方的机会主义行为,消费者不敢轻率地在农产品卖方提供的信息的基础上做购买决策,不得不为购买到优质的农产品花费更多的信息搜寻成本。为了使农业绿色发展转型中所生产的高质量农产品能够实现"优质优价",使绿色农产品生产经营者获得市场溢价和相应的收益,应通过制度创新降低农产品市场中的交易费用,如建立农产品分级制度、建立绿色农产品市场、完善农产品认证制度、优化农产品生产经营者信用体系建设等。

(二)外部性内部化

外部性指的是一个经济主体的行为对其他主体带来的影响作用。这种影响作用是非市场性的,市场机制难以对造成负外部性的经济主体进行惩罚,同时正外部性也不会获得相应的收益。农业绿色发展具有显著的外部性特征:①农业绿色发展的正外部性。农业部门的活动会给非农业部门带来额外收益,而非农业部门对源于农业部门的收益却不需要做出对等的给付。农业除为公众提供农产品之外,还会为工业提供原料,无偿提供生态景观,同时对空气质量改善、保护植被、防止水土流失等均可起到积极作用。②农业生态环境改善的成本内部化。农业绿色发展的重要方面是减少农业面源污染,改善农业生态环境,为公众提供质量安全的农产品。为此,需要在农业生产投入和技术选择方面做出相应改变,主要表现为减少甚至停止使用化学投入品,更多地使用与环境相容的有机肥料和生物农药,但是由此带来的成本增加甚至是产量损失在很多情况下难以获得应有的补偿。③农业被动地接受其他行业的成本外部化。随着工业化和城镇化的快速发展,农业日益成为成本外部化的受体。早期工业的粗放式增长带来的水污染、土壤污染、大气污染直接给农业农村带来了负面影响。农业发展的基本环境由于被动接受了工商业转嫁的污染而日趋恶化,如土壤重金属含量超标、农业灌溉水水质不达标等。为了生产质量安全的农产品,改变农业生态环境,农业生产经营者不得不付出更多的额外成本,而这些成本理应由来自其他行业的污染者承担。

外部性内部化就是使生产者或消费者产生的外部费用,进入他们自身的生产和消费决策,由他们自己承担或进行内部消化,从而弥补外部成本与社会成本之间的差额,以解决外部性问题。外部性内部化的途径包括政府直接管制、基于市场的经济激励、基于产权思想的自愿协商(科斯定理)、社会准则或良心效应。政府直接管制是指政府以非市场途径对外部性的直接干预,主要包括命令和控制。对于农业绿色发展来说,政府直接管制主要针对其他行业特别是工业污染对农业环境的影响进行直接干预;同时,加强对农药、兽药生产和使用的控制。基于市场的经济激励是指从影响主体的成本和收益入手,利用价格机制,通过采取激励性或限制性措施促使负外部性成本内部化。对于农业绿色发展来说,政府一方面可以通过税收手段调整比价,改变市场信号以影响农业的生产方式和农产品消费方式,以降低生产过程中的绿色转型成本及消费中的绿色消费成本;另一方面,可以通过补贴直接补偿绿色农业生产经营者,对农业绿色转型所付出的额外成本进行补偿,或者是将农业视做其他部门污染的受损者而进行补偿。

(三)规模经济

一般来说,规模经济指在既定时期内,随着企业生产产品数量的增加,其生产的产品单位成本下降的情况,即通过扩大经营规模可实现平均成本降低及利润增加。马歇尔将规模经济分为内部规模经济和外部规模经济两类。其中,内部规模经济依赖于企业对资源的高效利用及经营管理效率的提高;外部规模经济依赖于多个企业间建立在合理分工、合理区域布局基础之上的联合。农业的经营规模可以从两个方面考虑:①技术视角下的农业经营规模,即通过调整经营规模实现最佳的技术效率;②经济视角下的农业经营规模,即通过规模调整实现最大的经济效益及最佳经济效率。农业绿色发展归根结底要靠农业经营主体来实践,而决定他们是否采用绿色技术,能否积极推进绿色转型的关键还是农业绿色发展能否达到甚至超过他们的预期收益,而经营规模是影响经营主体收入的主要因素。为此,发展适度规模经营、实现规模经济是农业绿色发展转型必须要解决的问题。

(四)克服风险

一般意义上的风险是指遭受损失或不利的可能性,是一种不确定性的表现。与其他经济社会部门一样,农业生产经营也要面对很多不确定性,即风险。Hardaker将农业风险分为以下7类:①生产风险,即来自自然环境或者作物及牲畜生长的不确定性,如天气、虫灾或疾病,或者来自其他不可预测的因素,如农业投入品的属性或机械使用效率;②市场风险,主要来自农产品的市场价格及农业投入品市场价格的不确定性;③货币风险,主要来自国际贸易中汇率浮动对农产品及农业投入品进出口价格的影响;④制度风险,主要源自政府政策对农业生产经营利润影响的不确定性,如食品安全政策;⑤融资风险,主要来自贷款渠道的可得性、融资成本的上升等;⑥法律风险,主要来自农业生产经营者对具有法律意义的承诺的履行情况,如环境安全责任、食品安全责任等;⑦源于农业生产经营者自身的不确定性风险。相比传统农业,绿色农业发展面临的风险更大:一方面,绿色农业的投入成本更高,自然灾害会给其造成更大的损失;另一方面,绿色农产品面临的市场风险更大,消费者对绿色农产品的认可信任程度、支付意愿,以及绿色农产品跟随一般商品的市场价格波动都会对绿色农业生产经营者的收益产生更大影响,进而影响生产经营者继续进行绿色发展转型的积极性。为此,通过制度创新降低农业绿色发展的风险水平,是推进传统农业向绿色农业转型的关键。

(五)改变制度的成本—收益结构

前四方面改进的目的在于促进新的潜在收益的产生,改变制度的成本—收益结构的目的在于降低制度变迁成本及优化现有利润分配。这里主要包括两方面:①完善法律法规。法律法规的重要作用在于从根本上影响利润的分配,如改变原有的农业投入分配结构,对农业绿色发展给予更大的资金支持。以法律法规的形式确定对农业绿色发展的投入、补偿及转移支付有利于增加绿色农业经营者的利润,进而激发农业绿色发展的动力。②技术。任何制度都离不开技术因素,技术的重要作用在于可以降低制度变迁的成本,提升制度创新的效率和效果。技术创新是推进人类社会进步的重要动力。很多技术直接改变了人类的生产和生活方式。新技术的产生、扩散和应用对于农业绿色发展来说至关重要。

三、农业绿色发展的实践路径

农业绿色发展是一个系统工程,需要供给侧需求侧同步改进,农业生产经营主体、政府、公众共同努力。基于前文所分析的制度逻辑即降低交易费用、外部性内部化、规模经济、克服风险、改变制度的成本—收益结构,当前和今后我国的农业绿色发展应该着重解决好以下五方面问题。

(一)道德问题

对公众进行正确的社会准则教育可以解决外部性问题。所谓社会准则就是社会可以接受的方式,正确的社会准则可以产生外部经济性,减少外部不经济性。农业绿色发展需要绿色生产方式、绿色流通方式及绿色消费方式。当前,农业面源污染是发展绿色农业必须要解决的问题。以工业部门为主的其他部门的污染的负外部性给农业生态环境造成了巨大的压力;同时农业自身对石化产品的过量使用也破坏了农业生态环境。这里面有相关主体无意为之的因素,也有主观故意的情况,例如部分工业企业在耕地周边的恶意排放造成严重的污染隐患;部分农户主观违规使用国家明令禁止的高毒农药化肥,或者违规过量使用催熟剂、生长剂、保鲜剂等。由于农产品质量信息不对称,消费者无法识别农产品的农药化肥残留等质量安全因素,使得农产品市场逆向选择盛行,农户没有动机去减少农药化肥的使用,同时由于大量农户采用分散经营的生产方式,使得政府的农产品质量安全监管成本过高,进一步加剧了农户的机会主义行为动机。于是,在我国出现了一种"一家两制"的特殊情况,即部分农户向市场出售的农产品大量使用化肥、农药、添加剂或激素,对自己食用的农产品则少用或者不用激素、化肥或农药。如此也给农产品质量安全和农业生态环境造成了很大的安全隐患。在市场失灵和政府监管资源约束的情况下,依赖于社会机制的道德教育是一种可以有效减少主观故意行为的方式,为此应在农民培训中加大有关社会公德的思想教育,同时加大对企业社会责任的宣传力度。

(二)技术问题

在收益递减规律的作用下,劳动、土地等生产要素的平均产出和边际产出均会下降。技术进步是支撑农业发展的关键要素,技术进步虽然不能消除收益递减规律,但却可以抵消收益递减规律对农业生产产生的负面影响。现代农业的一个重要特征就是科技支撑,技术水平直接影响农业绿色转型的成本,进而直接影响农业绿色发展水平。当前,相对于农业绿色发展的要求,农业技术供给是不足的。一方面,绿色导向的农业技术创新还有很大空间,能够支撑农业绿色发展的技术体系建设任重而道远。农业绿色发展中的生态环境保护及修复问题、农业绿色发展的成本问题、绿色农业的产量问题、生物有机投入品的使用效率及产出效率问题、无农药化肥残留的种植技术大众化利用等问题迫切需要解决。同时,农业技术的转化率不高,很多新技术长期停留在实验室或实验田中,真正大规模应用的效果还有待检验。另一方面,农业技术推广应用水平还有待进一步提高。在技术推广中应充分考虑农户的需求、认知水平、应用成本及产出收益,将合适的技术以合适的方式、合适的成本推广到农户手中,实现绿色技术的大众化利用。

(三)规制问题

农业绿色发展中的外部性问题、信息不对称问题,无法通过市场机制来解决,需要政府规制来破解。政府规制应主要包括以下几个方面:①将负外部性产生的社会成本转化为私人成本,主要方式为征税,如对农田周边的污染企业征收更多的税。②对农业正外部性所产生的社会收益转化为个人收益,主要方式是对农业绿色发展进行补偿。农业绿色发展的正外部性如生态环境的修复、景观的无偿提供等无法通过市场机制来补偿,应通过建立补偿机制来弥补农业绿色生产经营者因环境保护、生态修复、绿色农产品生产而额外付出的成本,激励更多的生产经营主体选择绿色发展行为。③通过直接的行政管制约束主体行为。加强对农业投入品行业的准入管理,设立绿色技术标准的负面清单;对农田周边区域划定工业发展的生态红线,设立行业准入的负面清单;加强对农户生产行为的指导和约束,设立绿色生产行为负面清单,特别是严惩部分农户违规滥用化肥农药的机会主义行为;加强生产经营者信用管理,降低市场交易成本,设立黑名单制度。

(四)生产问题

选择合适的生产规模是农业绿色发展中必须要解决的问题。为获得更多潜在利润,农业绿色发展要实现规模经济,避免规模不经济。与生产经营规模直接相关的是农业生产组织方式的选择。改革开放以后,农村改革确定了以家庭为基本生产单位的农业生产方式。但是在人多地少的现实情况下,家庭经营决定了农业生产经营规模不可能太大,特别是在农副产品市场化改革以后,小农户与大市场之间的矛盾越发凸显。一家一户的小农生产方式难以应对市场需求的快速变化及自然风险的冲击,农产品滞销现象时常出现。小农户在农业生产中可获得的收入与城镇居民的收入差距越来越大。工业化和城镇化进程的加快对劳动力的需求增加以及城乡居民收入差距拉大的刺激使得大量农民离开土地进城务工,造成当前我国农村劳动力老龄化的现状。由此可见,当前我国农业绿色发展转型中的土地、劳动力、资本等生产要素制约依然严峻,合适的规模化是必然选择。当前我国的农业生产经营主体主要包括传统承包户、家庭农场、专业大户、农民合作社、龙头企业与社会化服务组织六种。根据职能和属性,可以将上述六种归纳为家庭经营、合作经营、企业经营三大类经营制度。面对市场需求的变化、自然条件的差异、物流条件的差异、农产品品种的差异,农业绿色发展的适度规模不可能有统一的标准。从现实实践看,规范化养殖可能更适合企业经营,粮食种植更适合种植大户或家庭农场,果蔬种植更适合合作经营。为此,在农业绿色发展转型中应充分考虑农产品种类、农产品销售渠道、规模化成本、生产者能力及积极性、机械化作业效率、技术应用效率、自然条件等因素,最大限度激活要素、激活主体、激活市场,选择能够实现规模经济的绿色农业生产经营形式。

(五)市场问题

传统农业向绿色农业转型的关键在于潜在利润的产生,这就需要经营主体能够获取在传统农业的制度安排下无法获得的收益。为此,应建立具有溢价功能的绿色消费市场。当前,我国农产品市场主要存在两方面问题:①消费者对食品消费的认知。很多消费者在购买农产品时的消费理念是物美价廉。然而,高品质的农产品一般需要更高的生产成本,其价格必然要高于一般农产品。②农产品市场的逆向选择。农产品具有典型的信任品属性,消费者与生产者之间有关农产品质量的信息是不对称的。在农产品市场中存在"劣币驱逐良币"的逆向选择,高质量农产品无法售出应有的价格而被低质量的农产品挤出市场。以上两个问题是建立绿色消费市场必须要解决的问题。一方面,要支持消费者树立正确的消费价值观。随着消费者收入水平的不断提高,很多消费者已经具备了对高品质农产品的支付能力,同时很多高学历、高收入的年轻消费者群体也具有强烈的消费更高品质农产品的意愿。这里要说明的是培养正确的消费价值观并不是鼓励所有消费者均购买高品质高价格的农产品,而是应该建立一种农产品的分级消费市场。收入水平高的消费者可以购买高品质的农产品(营养成分更高);收入水平一般的消费者可以购买质量安全的农产品(农产品质量安全是底线)。尽管这个价格可能高于传统的农产品,特别是高于部分农户因过量使用化肥、农药降低单位成本而生产出的劣质价低的农产品,但这个价格应该是既能满足消费者的支付能力,又能满足农产品生产者对成本和利润的要求。为此,应培养消费者树立正确的消费习惯,树立质优价优的消费认知。另一方面,要解决逆向选择问题。信号传递可以解决逆向选择问题,即高品质产品的生产者向市场传递一种代表其质量水平的信号,这个信号形式可以是价格、广告、品牌、信誉、质量保证金等。但是由于农产品的信任品属性,其质量信息应由政府向公众提供,为此,应进一步完善农产品认证制度、农产品分级制度、农产品生产者信用管理制度等,通过这些具有政府背书性质的质量信号来解决农产品市场的逆向选择问题。

第二节　农产品电子商务绿色物流

绿色物流是绿色发展的重要组成部分。当前,汽车运输在我国整体运输结构中仍占据重要地位。尽管近年来我国新能源汽车发展迅速,但大部分运输工具仍需要消耗汽油等燃料,一方面,汽油属于不可再生能源,不利于资源节约;另一方面,汽车尾气对环境污染较大,汽车运输仍是碳排放大户。从长远看,绿色物流必将是农产品电子商务物流的发展方向。

一、推进电子商务物流的流程优化

流程优化对于提高农产品物流效率具有重要作用。通过删除不必要的活动、去掉不增值的环节、合并相关活动、集成相关过程来优化农产品电子商务物流的流程。①要整合物流运力资源、合理设置物流设施、发挥整体合力,避免存量资源闲置、增量资源浪费。②推行共同配送。共同配送是指通过一个配送企业对多家用户进行配送,或者多个物流企业共同使用某一物流设施或设备,其实质是物流资源的共享。共同配送是解决我国物流配送设施利用率低、布局不合理、重复建设等问题的较好方案,实现共同配送,可以有效提高车辆的装载率,减少社会车流总量,改善交通运输状况,进而推动农产品电子商务绿色物流的发展。

二、推动电子商务物流信息化

信息化是现代物流的基础,也是提高物流效率的前提。国际气候组织认为通过信息化发展智能物流是低碳经济的重要支柱。现代物流的核心理念是用信息技术整合对顾客、经销商、运输商、生产商、物流公司和供应商的管理,让物的流动具有最佳目的性和经济性,从而提高整个社会资源的利用水平,使每个物流节点都相互联系,从而结成一个物流网,每个节点上的物资都按照区域、属性和服务对象在不同方向得到集成,按照顾客要求,准时运送到相应的物流节点,在集成和配送过程中实现最大的经济性。推进物流信息化建设,应进一步摸清物流业信息化的现状并找准问题,大力推进拥有自主知识产权的物流信息技术的开发和应用,搭建跨地区、跨行业的信息平台,实现供应链物流信息共享。以菜鸟乡村项目为例,依托大数据、云计算、物联网等先进信息技术升级乡镇末端配送网络,并应用自动化分拣、人脸 AI 识别、智能路由调度等技术提高农产品配送效率,达到绿色物流发展目标。

三、推进绿色物流技术创新

当前,交通运输业已经成为耗用能源的大户,世界主要发达国家交通运输业的能耗占国家总能耗的 30% 左右。而石油又是交通运输耗用的主要能源,其比重高达 90% 以上。高消耗必然带来高排放和高污染。推进绿色物流技术创新主要是鼓励节能减排的技术创新和推广应用。例如,提高海陆空交通运输工具的能源效率和控制排放技术。技术层面是最具有国际可比性的,据专家分析,我国的交通运输工具的综合能源利用水平比国际先进水平低 20%。针对这方面国家正在出台有关政策鼓励创新、鼓励推广,同时也在投入资金进行关键技术的研发。物流是应用节能减排新技术的主要领域,应给予积极的关注和支持。当前,很多为电子商务提供服务的物流企业进行了有益的尝试,并取得了较好的效果。如顺丰持续推动采用纯电动物流车替换传统燃油车,同时通过运输路线的科学设计,缩短运输线路,提高运输车辆的装载率,以达到节能减排的目的。

四、推动"高铁+电商"发展

近年来,我国高速铁路快速发展。"十三五"末期,我国高铁运营里程已经达到 3.8 万千米,稳居世界第一位,覆盖 95% 的人口在 100 万以上的城市。高铁具有载重量大、速度快、环境友好、资源节约的特点,发展"高铁+电商"对于电商物流的绿色发展具有重要意义。"八纵八横"的高铁网络对接物流公司分发网点,极大地提高了电商物流效率。相比传统的汽车运输,依托高铁的电子商务物流在为消费者提供"朝发夕至"的快速物流服务的同时,更具环境和资源友好性。当前,"高铁+电商"已经进入快速发展阶段,在京广、京沪、沪深、浙广线间加开了特快货物班列。2020年推出的铁路冷链快运箱服务实现了"冷鲜达""定温达""定时达",成为农产品电子商务物流的一大亮点。

第三节 农产品电子商务绿色包装

包装是电子商务中必不可少且十分重要的环节。由于农产品的易腐性特点及保鲜要求,包装在农产品电子商务中的作用更为突出,在农产品的生产、电商物流、回收等环节都离不开包装。大量包装废弃物没有得到有效处置造成了大量的环境污染和资源浪费。为此,在农产品电子商务中推行绿色包装不仅符合可持续发展的要求,同时也必将成为电商企业获取未来竞争优势的重要战略。

一、当前电子商务包装中存在的问题

包装绿色化是农产品电子商务绿色发展的重要内容,当前电子商务包装中存在以下问题。

(一)外包装材料过度使用

当前,农产品电子商务中产品的包装材料多为防水塑料袋、编织袋、木盒、瓦楞纸盒等,再在内部用纸屑、废弃纸团、空气囊和气泡袋等材料进行填充,以防止农产品破损。为了减少农产品的损耗,商家甚至用胶带纸来回缠绕将整个包装完成。这种包装的方式不仅不方便消费者拆解,同时也因过度包装造成资源浪费和环境污染,这些包装在很多情况下都不能进行二次利用。电商企业或电商平台中的经营者采用多层简单包装的初衷在于减少农产品的破损,但由于农产品在运输和存储中受温度、湿度等因素的影响较大,这种简单的多层包装对农产品的保鲜作用比较有限。

(二)电商快递包装中缺乏绿色材料

当前,在电商快递过程中绿色包装材料的使用率相对较低,在包装材料减量化、可重复利用、易于回收再生、废弃物降解、无毒无害等方面还有较大的提升空间。在电商快递包装中,塑料袋包装约占快递总业务量的40%。塑料包装虽然成本较低,但塑料材质包装在回收利用时会变成固体废弃物,回收成本高,不能自然降解,还会造成严重的环境污染及资源浪费。

(三)电商快递包装缺乏统一的标准

农产品的类型多种多样,不同种类农产品具有不同的生物属性,在包装过程中对材料、重量、体积、包装空间、包装层次等方面的要求不同。当前,农产品电子商务中的包装基本上是由电商企业或电商平台中的经营者根据消费需求及成本—收益考虑自行设计,在包装标志、技术规范、包装检验等方面缺少统一的标准。包装标准化程度低会导致物流成本增加、无效作业增多、资源浪费等问题。

(四)回收意识低,回收体系不健全

当前,无论是消费者还是商家对快递包装的回收意识均较低,很多消费者在收到快递后会将包装材料当作废弃物丢弃。很少有消费者会将包装材料留作他用或送到回收处理站。同时,与部分发达国家相比,我国的包装废弃物回收体系还不健全,对于快递包装废弃物的回收还没有较完善的法律法规或政策指引。

二、农产品电子商务绿色包装策略

(一)优化包装程序

在农产品电子商务包装中,应秉承简约化、绿色生态、可持续性的理念进行包装设计,在实用性、功能性和生态环境友好之间求得平衡。一方面,根据不同农产品的特点对包装结构进行重新设计,采用一体化的设计方式,减少二次包装,最大限度地完成包装与产品结构功能的整合;另一方面,在包装材料选择中,可选择木、藤、叶、草等一些资源丰富的天然材料,通过现代技术加工转换成环保耐用的新型包装材料。

(二)加强对电商物流包装的政策引导

由于环境保护具有公共产品属性,所以政府的规范和引导对于促进电子商务包装的绿色化十分重要。例如,日本明确了企业对生产过程中产生的废弃物具有回收义务,而且在法律中规定了废弃物在处理时应遵循的顺序。美国在相关政策中清晰界定了生产者及消费者在包装循环使用中所承担的责任。德国通过技术创新促进包装绿色化并设计了高标准的垃圾处理系统,极大地提高了包装回收率。为此,我国政府部门应针对电子商务包装制定可实施的行业标准,对快递包装的材料、重量、体积、包装空间、包装层次等参数进行规范;在产业发展和技术创新方面对电子商务包装绿色化给予引导和支持;对包装废弃物的回收进行严格监管。

(三)加快绿色包装材料的科技创新

绿色包装应具有对人类健康和生态环境无害、能够重复使用和再生的特点。为达到这个目的,包装材料的选择至关重要。在综合考虑成本—收益的基础上,包装材料应该尽可能减少塑料制品的使用,使用更加环保绿色的包装材料、可食性包装材料和生态包装材料。政府应加大对研发绿色包装材料的支持力度,鼓励科研单位、企业等机构开发新型包装材料,并支持环保、可循环、耐用的新型包装材料在农产品电子商务包装中的推广。

(四)建立包装废弃物循环利用系统

电子商务中大量使用的快递包装的废弃物已经成为环境污染的重要来源。当前,我国的包装全面回收系统还不健全,快递包装的循环使用率很低,包装垃圾造成严重的废弃物污染。为促进包装的循环使用,应建立包括包装生产者、使用者和消费者在内的包装废弃物回收体系。对包装废弃物进行分类处理,建立健全包装废弃物回收网络,确定在环保性、安全性、可靠性、可追溯性等方面的要求及技术标准,建立非环保包装的退出机制,提高电商企业与包装企业对包装废弃物资源化综合利用的意识和协同合作程度。

第七章 农产品电子商务运营的新科技

新业态、新模式、新技术……蓬勃发展的电子商务为农产品销售提供了丰富的应用场景,也使人工智能、物联网、云计算等新科技深入每一个农产品电子商务环节,给消费者带来全新体验的同时,又进一步拓展了农产品电子商务的应用场景。大数据、物联网、5G、云计算、虚拟现实、人工智能等技术对农产品电子商务高质量、精准化运营起到重要的作用。例如,通过物联网实现的农产品电子商务质量的可追溯,通过大数据技术探测消费者精准需求,以及借助大数据、人工智能、虚拟现实等技术实现农产品电子商务个性化营销。这些新技术交织影响了农产品电子商务的运营格局,如图7-1所示。

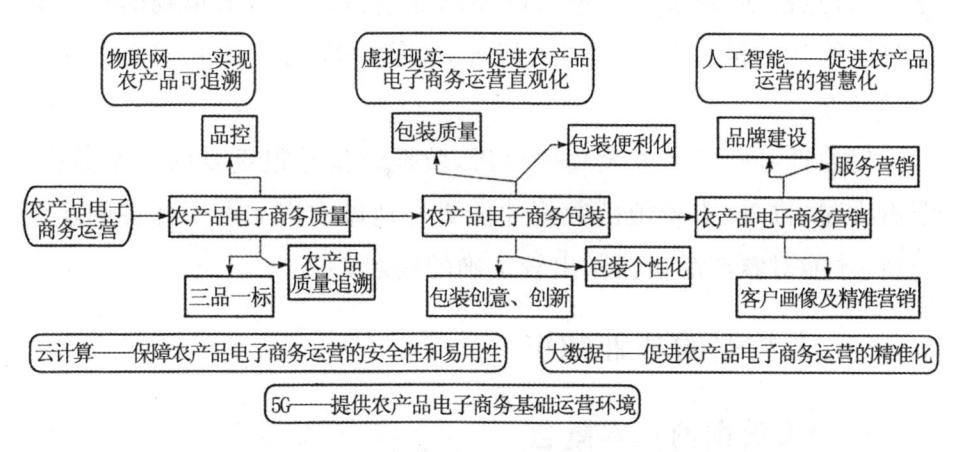

图7-1 新技术影响下的电子商务运营格局

第一节　大数据技术在农产品电子商务中的应用

我国是一个农产品种类丰富的国家,将大数据运用到农产品的商务发展中能够有效提升农产品商务的发展质量,为农产品的商务发展提供新思路、新未来,也将更加有利于国民经济的建设。

在保护好用户隐私的前提下,将大量的交易数据、产品数据、用户信息和购物偏好,以及地理位置信息、社交用户数据等进行整合,通过数据挖掘和机器学习,获取市场洞察力和用户画像等。对消费者的准确理解反馈到农产品电子商务产业上游的渠道商、品牌商、生产商乃至更前端的各个环节,消费者个性化的需求就会有效地体现在农产品的产品运营中。

农产品电子商务大数据分析是日常电子商务运营中必不可少的一部分。农产品电子商务大数据分析主要抓住几个重要的项目就能做简单的分析。例如,购买率:一段时间内,购买商品与访问的占比;注册率:浏览用户与注册用户的占比;留存率:一段时间内重复访问率;广告点击率:通过广告进入网站的点击占比。对采集到的这些数据进行统计分析和多维度深入研究,就能发现农产品电子商务运营中的问题。

对农产品电子商务大数据分析,数据收集是很重要的一个方面,要有大量、准确、有价值的数据才能更好地做农产品电子商务的运营分析,才能对农产品运营做出较正确的判断。

一、大数据的基础知识

(一)大数据的基本概念

大数据是指大量的数据集合,是需要新处理模式才能具有更强的决策力、洞察发现力和流程优化能力的海量、高增长率和多样化的信息资产。

麦肯锡全球研究所给出的定义是：大数据是一种规模大到在获取、存储、管理、分析方面大大超出了传统数据库软件工具能力范围的数据集合，它具有海量的数据规模、快速的数据流转、多样的数据类型和价值密度低四大特征。

大数据技术的战略意义不在于掌握庞大的数据信息，而在于对这些含有意义的数据进行专业化处理。换言之，如果把大数据比作一种产业，那么这种产业实现盈利的关键，在于提高对数据的"加工能力"，通过"加工"实现数据的"增值"。总而言之，大数据就是从（复杂、海量）数据中获取信息的能力，以及处理与之相关的所有事务的总和。

（二）大数据时代的基本特征

1. 社会认知

在大数据时代，从社会发展角度观察，全球范畴的电子计算机连接网络使越来越多的行业以数据商品流通替代商品商品流通，将生产制造转变成服务项目，将工业生产劳动者转变成信息劳动者，信息劳动者的商品不用经过初始占有者，就可以被交易和互换。这种产品使用价值的提升是根据专业知识而不是手工制作来完成的，完成使用价值提升的专用工具便是计算机技术。

2. 丰富性

在大数据时代，伴随着大数据技术的快速兴起与普及化，电子信息技术不但推动社会科学和人文科学等各行各业的发展，并且全方位地融入人们的社会发展日常生活。

3. 公开化

大数据时代展现了从信息公布到数据技术性演变的多维度画轴，在大数据时代有越来越多的数据被对外开放、被交叉式应用。在这个过程中，尽管会考虑到针对客户隐私保护的维护，但对外开放的、公共性的网络空间是必然趋势。

4. 动态性

大数据:是根据互联网技术的实时动态数据,而不是历史时间的或严控自然环境下造成的内容。因为数据材料能够随时造成,因而,不但数据材料的收集具备动态性,并且数据的存储系统、数据解决技术性还可以随时随地升级,数据的专用工具也具备动态性。

(三)大数据的基本特征

1. 海量性

随着各种随身设备、物联网和云计算、云存储等技术的发展,人和物的所有轨迹都可以被记录,数据因此被大量生产出来。

人人是数据制造者,短信、微博、照片、录像都是其数据产品。数据来自无数自动化传感器,自动记录设施,生产监测、环境监测、交通监测、安防监测系统,自动流程记录,刷卡机、收款机、电子不停车收费系统,互联网点击、电话拨号等。大量自动或人工产生的数据通过互联网聚集到特定地点,形成了大数据之海。

2. 多样性

随着传感器、智能设备和社交协作技术的飞速发展,各种组织中的数据也变得更加复杂,因为它不仅包含传统的关系型数据,还包含来自网页、互联网日志文件(包括点击流数据)、搜索索引、社交媒体论坛、电子邮件、文档、主动和被动系统的传感器数据等原始、半结构化和非结构化数据。数据格式变得越来越多样,涵盖了文本、音频、图片、视频、模拟信号等不同的类型。数据来源也越来越多样,不仅产生于组织内部运作的各个环节,也来自组织外部。

3. 更迭快

在数据处理速度方面,有一个著名的"1秒定律",即要在秒级时间范围内给出分析结果,超出这个时间,数据就失去了价值。

在商业领域,"快"也早已贯穿企业运营、管理和决策智能化的每一个环节,形形色色描述"快"的新兴词汇出现在商业数据语境里,例如实时、快如闪电、光速、念动的瞬间、价值送达时间等。

速度快是大数据处理技术与传统的数据挖掘技术最大的区别。大数据处理技术是一种以实时数据处理、实时结果导向为特征的解决方案,它的"快"有两个层面:一是数据产生得快,二是数据处理得快。

电子商务网站从点击流、浏览历史和行为(如放入购物车)中实时发现顾客的即时购买意图和兴趣,并据此推送商品,这就是"快"的价值。

4. 真实性

数据的重要性就在于对决策的支持,数据的规模并不能决定其能否为决策提供帮助,数据的真实性和质量才是获得真知和思路最重要的因素,是制定成功决策最坚实的基础。

追求高质量数据是一项重要的大数据要求和挑战,即使最优秀的数据清理方法也无法消除某些数据固有的不可预测性,例如,人的感情、诚实性、经济因素等。

(四)农产品电子商务中大数据的作用

农产品电子商务大数据是大数据理论、技术和方法在农产品电子商务领域的应用实践。近几年,农产品电子商务大数据的重要性越来越被人们所重视,在农产品行业市场方面将具有巨大的应用发展空间,成为重要战略性资源和重要技术研究方向,大数据与农业的深度融合有望成为农产品电子商务发展的加速器。农产品电子商务应用大数据的显著作用有以下几个方面:

1. 实现更多的创新应用

目前,以高效、集约为特征的精准农业已成为发达国家现代农业的重要生产形式。依托大数据和先验知识基础的机器学习、深度学习等人工智能技术创新不断提升数据分析处理能力、数据挖掘能力和辅助决策能力，核心是通过大数据的应用来降低农产品电子商务发展过程中的试错成本，提高决策的准确性、时效性。

2. 优化农产品电子商务产业链

大数据在农产品电子商务领域的应用能为行业带来创新和改变，使农产品电子商务产业链各环节和不同主管部门之间的数据合理有序地存储在一个公共开放的数据云空间，进一步打通不同区域、不同部门之间的数据通道，打破区域、部门之间的信息不匹配，促进农业生产要素的流动，以市场手段合理优化农产品电子商务生产要素的配置方式。

3. 实现农产品电子商务宏观预测

运用大数据技术，发挥大数据在指导市场预测、调控方面的作用，可以及时准确地预判农产品电子商务未来市场发展趋势，从而更好地提升农产品宏观调控和科学决策能力，推进农业供给侧结构性改革。

4. 做好消费洞察

借助大数据还可以洞察消费者行为，包括消费目的动机、态度选择、购物评价、行为、决策等过程，而这些有价值的发现需要依赖于在海量数据基础上建立的行为决策模型。大数据、大营销，还原消费者为"人"，还原营销为"生活"，实为"大"的本意。与此同时，借助产业链前端大量的数据积累和区块链等先进技术手段的应用，打造科学种植、源头可溯，更能加强电子商务中生产者与消费者之间的互动，有助于建立良好的信任关系，增加消费黏性，塑造良好的品牌形象，进而带来更多的品牌溢价。

5. 统筹农产品电子商务产业链资源

以农业大数据平台为基础，充分利用移动互联网、云计算、物联网等新一代信息技术与农产品产业链的跨界融合，统筹共享全产业链大数据资源,打造基于互联网平台的现代农业新产品、新模式与新业态。例如储备土地信息、生产信息、交易信息、经营管理信息等产业链的数据资源,可为土地规模化耕种、精准农业等问题提供解决方案。

6. 洞悉农产品电子商务增值业务倾向

透过大数据洞悉游客出行路线和消费倾向,为农户发展乡村旅游选址提供决策支撑,同时也为开发休闲旅游产品提供依据,促进休闲农业和乡村旅游的发展。另外,近年来,"共享农庄"模式成为休闲农业和乡村旅游的热点话题,这种模式成为解决农产品滞销和价格波动、美丽乡村建设、乡村旅游可持续化等问题的有效举措。对政府而言,"共享农庄"模式,通过大数据平台上的资源整合、交易,将农村闲置资源与市场休闲农业和乡村旅游消费需求之间进行最大化、最优化地重新匹配,将不确定的流动性转化为稳定的连接,间接地缩减了城乡差距问题。

二、大数据技术在农产品电子商务中的实际应用

(一)农产品电子商务中的大数据作用分析

将大数据运用到农产品的商务发展中能够有效地提升农产品商务的发展质量,为农产品的商务发展提供新思路、新方法和新路径。

技术进步支撑精细化,大数据信息技术的广泛应用,推动了精准农业、订单农业的发展,支撑了不断细分的农产品电子商务市场,将不断迎合人们对农产品多样化的需求。大数据对农产品电子商务的影响,主要体现在以下几点:

1. 精准营销

当消费者特别关注某件农产品时,他收到的广告也都是关于这件商品的。以前大家看到的农产品广告都大同小异,几个农产品广告来回重复播放。而现在,农产品广告投放对特定人群的针对性越

来越强,例如,每个人在朋友圈看到的广告都不一样,这就是大数据的功劳。使用大数据将影响农产品电子商务领域的各个方面。

2. 市场探测

一个区域的人口有多少?消费水平如何?消费习惯以及喜好是什么?市场对产品的认知度怎么样?不同地区存在什么差异?当前市场供需情况如何?这一系列问题背后包含的海量信息,构成电子商务行业市场调研大数据,对大数据的分析过程,就是进行市场定位的过程。想要在市场竞争中获得优势,就要架构大数据战略,从大数据中了解农产品电子商务市场构成、细分农产品电子商务市场特征、消费者需求和竞争者状况等众多因素,制订应对方案,保持企业品牌市场定位的准确性和独特性,提高品牌市场的接受度和认可度。

利用大数据技术,能够提前预测市场发展趋势,根据趋势提前做好策略应对,赢得市场先机优势。

3. 消费分析

农产品电子商务企业通过平台积累的数据资源,运用大数据的各种算法,能够分析出消费者的消费习惯和兴趣爱好,甚至是消费者的消费情绪,通过数据结论来指导农产品上下架计划,甚至根据消费者需求反推农产品种植和养殖并进行变革,适时改变生产计划,从而适应市场需求,打造某段时间内主导市场的农产品。

4. 消费画像

根据农产品消费者的消费偏好和消费习惯等标签,商家可以掌握消费者的消费动向,尝试预测他们将要进行的下一步动作,进行业务决策。例如,利用关联计算规则得知,购买竹笋的客户通常也会同时下单木耳,因为客户在购买时打算烹制鱼香肉丝。因此,商家可以将木耳和竹笋以套装形式售卖,既增加销量,又方便顾客消费。

5. 消费预测

根据不同节点和节气,结合大数据预测,商家可以适时而及时地向客户提供相应服务或推送相关农产品,从而实现商家收益最大化目标。大数据的意义就是把消费者需要的信息推送给他们。大数据不是在帮商家推销产品,而是在帮消费者寻找产品。

6. O2O 融合

随着信息水平的不断提高,虚拟价值链的作用也越来越大,在电子商务方面,活动的价值已经出现了从实体价值链向虚拟价值链转变的现象,并且速度在不断地加快。实体企业需要与电子商务结合,共同挖掘线上和线下的价值。

(二)农产品电子商务的大数据实际案例

用大数据探测农产品潜在用户是农产品电子商务运营中具有现实意义的举措。

1. 思考"谁是你的菜?"

做农产品电子商务之前,农产品电子商务的商家必须想清楚三个问题:

(1)我的东西想要卖给谁?

(2)谁会买的我的东西?

(3)我凭什么打动买家?

2. 做好大数据调研分析

我们以中国互联网络信息中心发布的"中国网民规模和互联网普及率"作为大数据调研例子,说明农产品经营大数据调研的重要性。

中国互联网络信息中心于2021年8月27日发布《第48次中国互联网络发展状况统计报告》显示,截至2021年6月的若干信息如下:

(1)我国网民规模达10.11亿,较2020年12月增长2175万,互联网普及率达71.6%。超过10亿用户接入互联网,形成了全球最为庞大、生机物勃的数字社会。

(2)我国农村网民规模为2.97亿,农村地区互联网普及率为59.2%,较2020年12月提升3.3个百分点,城乡互联网普及率进一步缩小至19.1个百分点。

(3)农村地区通信基础设施逐步完善,推动农村互联网使用成本逐步下降。行政村通光纤和4G的比例均超过了99%,农村和城市"同网同速",城乡数字鸿沟明显缩小。随着数字化应用日趋完善,广袤的下沉市场逐步享受到数字化带来的便利和实惠。

(4)农产品网络零售规模达2088.2亿元,全国乡镇快递网点覆盖率达到98%,有效打通了农村消费升级和农产品上行的末梢循环。

(5)网民年龄结构中,30～39岁占比20.3%,手机接入互联网占比99.6%。这些数据揭示了我国互联网人群的基本现状,更提醒我们农村电子商务基础条件的改善情况和农产品电子商务应该关注的人群。也可以通过这些数据分析,感知做农产品电子商务时,需要关注农产品的定价,因为收入水平一般的人对价格非常敏感。

3.应用大数据挖掘技术

农产品电子商务运营过程中在使用大数据技术的同时,需要做好数据挖掘技术的应用。例如,通过挖掘浏览网站的人的潜在信息等,再加上一些启发与带动使其有兴趣关注。例如,提供人性化服务给用户时,要分析用户网页的访问习惯,分类归纳实现网站适合用户的层次结构。为了让每个用户都能找到自己喜欢的点,依据用户的访问频度、兴趣爱好,进行页面结构的调整;通过用户网页访问行为,对访问的信息进行筛选统计,找到用户兴趣点,为用户进行私人定制。影响用户网站选择的一个重要因素就是外观和样式,在此技术应用下,把收集到的人们的爱好,设计制作成大部分用户都较为喜欢的网页风格。

农产品电子商务企业的网页设计管理员为更好地给用户提供更优质的服务,可以使用排序分条罗列和预测。排序是指将收集到的用户的有效信息集合,然后比对。将有类似的喜好、兴趣的人列为一个整体,当他们浏览网页时及时根据提前的用户分析为其推送最适当的广告,并找出与浏览者消费水平一致的物品,唤起其购买的欲望。另外,应定时定期地重新挖掘整理,可以对网站进行及时的调整。农产品电子商务消费者可以利用搜索引擎寻找自己感兴趣而且物美价廉、质量可靠、服务完善的商品。在这种情况下,需要进行网页数据挖掘,需找出客户兴趣点并满足用户需求。例如,进行网页内容关键词搜索的改进,提高农产品电子商务用户在使用过程中发现兴趣关键词的准确度,改善检索效果,这一过程采用的是加权算法;通过分析用户在使用过程中和客服的聊天方式和所问的问题,增强信息检索效果,使搜索结果的高效性发挥至最高,使用户完成商品对比,最终形成订单采购。

第二节 物联网技术在农产品电子商务中的实际应用

一、物联网技术的基础知识

(一)物联网的概念和核心要素

1. 物联网及农业物联网概念

物联网是将各类物体联结起来的互联网络。它是在物体上安装电子标签(RFID)、传感器、摄像头等感知装置,通过信息通信网络进行信息传输,并与网络中的信息处理节点进行交互,实现对物体的识别、定位、跟踪、监控和管理等服务,从而实现网络中人与人、人与物体、物体与物体间的信息互联互通,最大化地实现信息感知与实时处理而形成的网络。

农业物联网,即通过各种仪器仪表实时显示或作为自动控制的参变量参与到自动控制中的物联网,可以为温室精准调控提供科学依据,达到增产、改善品质、调节生长周期、提高经济效益的目的。

大棚控制系统中,运用物联网系统的温度传感器、湿度传感器、pH传感器、光照度传感器等设备,检测环境中的温度、相对湿度、pH、光照强度、土壤养分等物理量参数,保证农作物有一个良好的、适宜的生长环境。远程控制的实现使技术人员在办公室就能对多个大棚的环境进行监测控制。采用无线网络测量获得作物生长的最佳条件。

农业物联网一般应用是将大量的传感器节点构成监控网络,通过各种传感器采集信息,以帮助农民及时发现问题,并且准确地确定发生问题的位置,这样农业将逐渐地从以人力为中心、依赖于孤立机械的生产模式转向以信息和软件为中心的生产模式,从而大量使用各种自动化、智能化、远程控制的生产设备。通过农业物联网可以为农产品供应链的电子商务端实现有效的产业赋能,如产品追溯、农产品品控等。

2. 物联网核心要素

物联网的核心要素是物体、感知、网络、数据和服务,它们是互联网技术的应用和拓展。这些都是在现有系统基础上,规范及增强信息感知与处理手段,将互联网技术延伸至物体上,实现信息主动交互及共享,提升信息化、智能化水平。

3. 物联网的"物"要具备的要点

物联网的"物"要满足以下条件才能够被纳入"物联网"的范围:

(1)要有数据传输通路。

(2)要有一定的存储功能。

(3)要有中央处理单元CPU。

(4)要有操作系统。

(5)要有专门的应用程序。

(6)遵循物联网的通信协议。

(7)在全世界网络中有可被识别的唯一编号。

(二)农业物联网的作用与应用

1. 农业物联网的作用

依托物联网建立大数据的挖掘和分析,可以为智慧农业生产运营提供支撑,以精准农业、智慧园区建设为特征的现代农业园科技示范工程在全国各地逐步展开,推动了物联网、智能装备等在农业生产中的应用,也推动了农业物联网的建设。例如,有的公司自主研发的智能检测系统,可以监测农业产品的生产情况,通过数据积累和分析实现局部气象预报、病虫害预测、土壤监测等功能,实现农产品安全全程可追溯的功能。

建立基于大数据的农产品质量安全溯源体系,为品牌农业发展和农产品电子商务的发展提供坚实的基础。

农产品质量安全可以通过移动互联网、大数据、云计算、物联网等新一代信息技术与农产品质量安全工作跨界融合实现。通过对各类农产品在生产、加工、流通和消费等过程中的各阶段信息进行快速采集、信息管理、条码打印、数据上传、辅助决策等,建立农产品质量安全追溯管理信息平台,实现农产品"从农田到餐桌"全过程管理与可追溯,确保消费者"舌尖上的安全",以实现从源头把控农产品品质,为农产品电子商务的运作做好质量背书。

2. 农业物联网的应用

农产品电子商务系统利用互联网和手机移动终端的优势,实现网上交易,帮助农户、农业生产企业解决农产品销售难的问题,通过引入农业物联网,可以为农产品电子商务赋能。

(1)提高农业资源的利用效率。通过农业物联网,提高农业资源的利用效率。物联网技术应用到农业物联网传感器中,可以帮助我们获取环境信息和土壤、墒情、水文等极为精细的农业资源信息,实现智能农业监测,将物联网应用到农业生产中,通过对空气湿度、土壤湿度、光照度、二氧化碳浓度等信息进行采集分析,根据设定的阈值和条件实现自动调控、灌溉等智能操作,还可自动监测预警。

(2)降低农产品生产成本。一直以来,农业生产成本居高不下是困扰农民的一大难题,而将物联网技术用于农业生产,不仅可以大大节约人力成本,也能减少化肥、农药等方面的成本。

(3)提升农产品价值。提高农业产出,增加农民收入。我们都知道农业生产的土地是有限的,但是社会对农业资源的需求是不断增加的,农民需要在有限的土地上以最少的农业投入获得最大的农业生产价值,并且达到保护生态环境的目的。

二、物联网技术在农产品电子商务中的应用

(一)物联网赋能农产品电子商务

1.连接使电子商务更方便

手机、智能传感器等设备间的相互通信,为农产品电子商务商家带来巨大机遇。农产品电子商务经营者可以通过联网设备了解他们的顾客,通过智能洞察力带来价值,增加客户参与度。越来越多的智能设备正在彻底改变商业运营模式,农产品电子商务经营者可以收集的数据也在呈指数级增长,利用这些数据可以提高农产品电子商务的业务效率、改善农产品电子商务消费者的网上购物体验。

2.物联使电子商务更精准

农产品电子商务企业管理的后端受物联网影响较大,联网设备极大地改进了从农产品生产管理到订单交付的整个供应链流程。无线射频技术 RFID 芯片和传感器可以实时进行管理,减少工时,同时提供更准确的信息。基于 RFID 的现代农产品管理让电子商务企业更容易追踪供应链水平,并帮助农产品电子商务经营者根据物联网提供的数据,采用精准的产品运营策略,缩短农产品上市时间并消除缺货意外。农产品标签和智能化管理可以确保农产品客户下订单时有存货,从而减少人为错误。

3. 物联让服务更直接

对于农产品电子商务产品销售、售后等环节而言,物联网可以跟踪所有细节。数据可以自动从产品发送到农产品零售商后台,有助于零售商在客户意识到问题之前发现问题。此类数据还可用于预测客户潜在投诉,及时改进产品质量和客户服务水平,并快速解决问题。

4. 物联网让电子商务更加个性化

农产品电子商务企业可以采用物联网技术推动决策和提供个性化服务,通过物联网和大数据跟踪客户对特定产品、订单和购物行为的偏好,物联网设备能够提供品牌偏好、环境条件和产品使用情况信息,可以让农产品电子商务经营者增加客户的参与度,从而提高客户服务水平,进而增加收入。

5. 物联可以让电子商务更好地追溯

农产品等食品安全问题频发的一个重要原因就是消费者甚至管理者都无法知道自己所消费的农产品的来源,出现问题时无从追溯,这使得不法商家和广大消费者处于一个完全不对等的地位。农产品安全追溯是物联网最能发挥潜力的领域。当物联网逐渐在农产品溯源中应用后,很多农产品都会有自己的信息标签,这种标签可以是二维码,也可以是RFID,消费者可以付出比以前小很多的代价知道自己购买的农产品来源及其他相关信息。物联网的引入,可以使市场更加规范合理,降低消费者对于农产品质量安全的担忧。

(二)物联网在农产品电子商务追溯机制中的应用

农产品质量的好坏对消费者的健康将产生直接的影响,对农产品质量进行控制是农产品电子商务从业者必须面对的问题。现如今,随着物联网络技术的飞速发展,逐渐形成了农产品质量控制的体系框架。将互物联网技术应用到农产品的种植、生产、加工、流通等各个环节,不仅提高了监控的水平,同时极大提升了农产品的质量。

农产品电子商务质量追溯系统,需要实现"从农田到餐桌"的全程可追溯信息化管理。可以设计和采用区域农产品质量安全信息统一发布和查询平台,根据农产品"一物一码"标准,消费者可以通过短信、电话、POS机、网上查询、智能手机扫描二维码、条形码等查询方式,准确了解农产品从生产、加工、物流、仓储、销售等全过程的信息,这样可以让消费者买得放心,更好地促进农产品电子商务的销售。

农产品质量追溯系统包含整个农产品的全流程跟踪管理,它涉及农户、合作社、生产企业、农资供销商、产品销售商、政府和消费者,贯穿了农产品生产基地管理、种植养殖过程管理、采摘收割、加工、储存、运输、上市销售、政府监管的各个环节。

1. 政府部门追溯政策建立

农业部门要推动农产品质量追溯制度的建立和实施,按照从生产到销售的每一个环节可相互追查的原则,逐步建立农产品生产、加工、运输、储藏、销售等各个环节登记制度,为建立农产品质量安全追溯制度创造条件。农产品质量安全监管部门要及时加强农产品质量监管,保障农产品从生产到流通全程可追溯。探索农业物联网可看、可用、可持续的推广应用模式,逐步构建农产品电子商务质量追溯的理论体系、技术体系、应用体系、标准体系、组织体系、制度体系和政策体系。

2. 农产品全生命周期的追溯管理

在农产品全生命周期的各环节做好物联网追溯技术的应用,主要体现在:

(1)农业资源的精细监测和调度。利用卫星搭载高精度感知设备,获取土壤、墒情、水文等极为精细的农业资源信息,配合农业资源调度专家系统,实现科学决策。

(2)农业生态环境的监测和管理。可以利用传感器感知技术、信息融合传输技术和互联网技术,构建农业生态环境监测网络,实现对农业生态环境的自动监测。

（3）农业生产过程的精细管理。可以应用于大田种植、设施农业、果园生产、畜禽水产养殖作业，实现生产过程的智能化控制和科学化管理，提高资源利用率和劳动生产率。

（4）农产品质量溯源。通过对农产品生产、流通、销售过程的全程信息感知、传输、融合和处理，实现农产品"从农田到餐桌"的全程追溯，为农产品质量安全保驾护航。

3. 全流程的农产品档案管理

农产品生产基地、加工企业、农业专业合作经济组织应当建立农产品生产档案，记载使用农业投入品的名称、来源、用法、用量和使用、停用的日期及植物病虫草害的发生和防治情况，加强产品监测，并建立产品合格把关制度，完善不合格产品的处理措施。对产出的农产品要建立完善的质量追溯制度。

4. 农产品的全流程监控

农产品进入电子商务市场、批发市场、储运各环节要有追溯记录，农产品销售者在购进农产品时应当索要农产品质量合格证明，并向农产品购买者出示有关农产品质量的证明。建立进销台账和索票索证制度，实现农产品生产记录可查、产品流向可追踪、质量安全责任可追踪的目标。

5. 农产品安全状态的监控

在农产品物流方面，利用条形码技术和射频识别技术实现产品信息的采集跟踪，有效提高农产品在仓储和货运中的效率，促进农产品电子商务发展。在农产品安全溯源领域，利用条形码技术和RFID技术等来跟踪、识别、监测农产品的生产、运输、消费过程，保证农产品的质量安全。

可以基于RFID技术构建农产品追溯试验系统，利用RFID标签，实现对农产品流通管理和个体识别。物联网技术的核心是物与物之间相互连接，在进行信息交换与传输方面起到十分重要的作用。

对接农业物联网平台是未来农产品电子商务发展的方向。物联网技术应用后，农产品电子商务平台除了可以实现农产品推介、网上交易功能外，还可以对农产品安全生产全过程溯源，通过农业生产监控视频、虚拟现实实景体验等进一步增强消费者对农产品安全的信任感与购买欲，进而培养高端消费群体，提高农业生产者的收入，实现优质农产品真正"卖得好"。

第三节　虚拟现实技术在农产品电子商务中的应用

虚拟现实技术是指创建一个能让参与者感到身临其境，具有完善的交互作用能力的虚拟化的仿真系统。它为人类观察自然、欣赏景观、了解农产品实体提供了新的途径，人们可以利用虚拟现实技术演示农作物生长的虚拟、农作物的自然环境模拟，实现远程化体验农产品交易等。

一、虚拟现实技术的基础知识

（一）虚拟现实技术及虚拟农业

1. 虚拟现实技术

虚拟现实技术（Virtual Reality, VR），又称灵境技术，它囊括计算机、电子信息、仿真技术于一体，其基本实现方式是计算机模拟虚拟环境从而给人以环境沉浸感。随着社会生产力和科学技术的不断发展，农产品电子商务对 VR 技术的需求也日益旺盛。

虚拟现实技术受到了越来越多人的认可，用户可以在虚拟现实世界体验到最真实的感受，其模拟环境的真实性与现实世界难辨真假，让人有种身临其境的感觉。同时，虚拟现实具有一切人类所拥有的感知功能，如听觉、视觉、触觉、味觉、嗅觉等感知系统。最后，它具有超强的仿真系统,真正实现了人机交互,使人在操作过程中,可以随意操作并且得到环境最真实的反馈。正是虚拟现实技术的存在性、多感知性、交互性等特征使它受到了许多人的喜爱。

2. 虚拟现实技术衍生的概念

虚拟现实技术的不断演进,也诞生了基于虚拟现实的新技术,主要有以下几种:

(1)增强现实。增强现实(Augmented Reality,AR)是一种实时计算摄影机影像位置及角度,并辅以相应图像的技术。这种技术可以通过全息投影,在镜片的显示屏幕中将虚拟世界与现实世界叠加,操作者可以通过设备互动。它通过电脑技术,将虚拟的信息应用到真实世界,真实的环境和虚拟的物体实时地叠加到了同一个画面或空间并同时存在。简单来说,VR全部是假的,AR是在现实的背景下虚拟出其他的假的事物。

(2)混合现实。混合现实(Mixed Reality,MR)指的是结合真实和虚拟世界创造了新的环境和可视化三维世界,物理实体和数字对象共存并实时相互作用,以用来模拟真实物体,是虚拟现实技术的进一步发展。

(3)VR、AR和MR的关系。VR、AR和MR的关系中,AR概念包含了VR,MR概念包含了VR和AR。简单地说,VR看到的图像全是计算机模拟出来的,都是虚假的,因此利用VR技术可以凭空臆造出人们所想象的一切。AR是将虚拟信息叠加在真实环境中,来增强真实环境,因此看到的图像是半真半假。MR是将真实世界和虚拟世界混合在一起,可以说它呈现的图像令人真假难辨。

(二)虚拟农业概念

虚拟农业,即以农业领域研究对象(农作物、畜禽、鱼等及其农产品交易)为核心,采用虚拟现实等先进信息技术手段,实现以计算机为平台的研究对象与环境因子交互作用,形成农业生产和农产品交易的虚拟化应用技术。虚拟农业的应用领域主要有以下几个方面：

1. 种植业

以水稻、玉米、小麦、大豆、棉花等主要农作物的高产、稳产、品质、品种为目的的虚拟。

2. 养殖业

以提高猪、牛、羊、鸡、鱼等主要肉类产品的品质、产量为目的的虚拟，以及新品种的虚拟。

3. 农产品经营效率

以提高设施农业利用效率、提高资源综合利用效率为目的的虚拟。

4. 农产品流通

以农产品市场为对象，采用农产品电子商务等手段，通过虚拟技术提供给消费者更好的服务。

5. 农产品培训

以农产品及其相关产业的服务为对象，通过虚拟化技术进行培训。

虚拟农业是农业科学和信息技术相结合的产物，它对农业生产和流通中的现象、过程进行模拟和虚拟，以达到合理利用农业资源，缩短农业领域重大项目研究的时间，节约经费，降低生产成本，改善生态环境，提高农作物产品质量和产量、增强农作物流通效能等目标。通过虚拟现实技术可以创建一个能让参与者具有身临其境感，具有完善的交互作用能力的虚拟现实系统。它为消费者观察自然、欣赏景观、了解实体提供了身临其境的感觉，可以利用虚拟现实技术更好地做好电子商务销售。

二、虚拟现实技术在农产品电子商务中的实际应用

随着信息技术的发展,虚拟现实技术已经可以深入应用到农产品电子商务行业,我们可以通过虚拟现实技术,实现更好的农产品电子商务服务体验。

(一)虚拟现实技术在农产品电子商务中的应用和体验

1.虚拟现实技术的应用

虚拟现实技术融合了数字媒体技术、图形图像技术、网络技术、多媒体技术、传感技术等信息技术,强调视觉的真实感、全景视角展示以及沉浸式交互体验。随着虚拟现实技术的发展,农产品电子商务能够更加全面地实现虚拟场景的再现,带给消费者一种身临其境的真实感。强烈的沉浸感和交互性,使虚拟现实技术在农产品电子商务的运营中发挥着独特的优势。

2.虚拟现实技术在农产品销售展示中的体验形式

农产品销售的展示主要分为平台展示和会馆展示。随着信息技术的发展,农产品展示趋于网络化、精细化和数字化,虚拟现实技术应用在农产品展示中主要有沉浸式体验和浏览式体验两种形式。虚拟现实技术增强了农产品的展示效果,提高了农产品交易的成交率。

(1)沉浸式体验形式。沉浸式的体验形式主要在会馆展示中应用较多。在展示过程中,农产品展示馆提供全新的虚拟现实设备,辅助参观者完成全方位、多角度的交互体验。沉浸式交互体验的主要操作方式是根据肢体动作交互完成,符合人性化特征和人的认知体验。

根据农产品展示中提供虚拟现实设备以及参观沉浸体验程度的不同,沉浸式体验形式可分为半沉浸式和完全沉浸式两种。在农产品展示中运用较为广泛的是半沉浸式虚拟环境,它主要运用3D立体投影系统,依托高端计算机虚拟现实工作站平台进行展示。主要通过高端计算机的图形处理器,驱动多台专业投影机,通过投影的交叉

来实现优质的高分辨率三维立体投影影像,为参观者提供一个具有立体感的交互环境。该系统搭配3D眼镜,会大大增强体验环境中的真实感,是一套经济、实用的系统环境。

在对农产品加工过程进行展示时会运用到虚拟现实头盔显示器、洞穴式虚拟现实系统,这些系统能够产生完全沉浸的虚拟环境。其原理是观光者通过携带头盔式眼镜,利用人左右眼获取信息的差异来达到现实真实场景的效果。这套系统多用于消费者体验农产品生产和加工的全过程,另外配合动作捕捉传感器,参与者可以在相对封闭的环境中与虚拟对象(农产品种植和加工)进行交互,使参与者能够在视觉、听觉、触觉等多感觉刺激方面具有真实体验。

(2)浏览式体验形式。农产品电子商务展示中应用虚拟现实技术最多的方式是浏览式体验形式,这种形式主要通过简单点击、滚动和触揽灯交互模式,呈现诸如图片、图像、文字和符号等二维平面信息。通过观看农产品生产基地的图片可以迅速了解整个基地的规模、特点、产销渠道等。通过触屏中的全景图片可以了解生产、销售和制作之间的关系,便于全面、直观地了解农产品的产销过程。但是该模式过于枯燥,交互机械,不能激发体验者的好奇心,造成大量信息的遗漏,容易形成走马观花的形式。因此,在农产品展示的过程中需要根据展示会的规模和技术特点,选择合适的展示平台和展示方式,运用多种全景漫游技术展示模式,全方位地展示农产品的生产、销售和加工的过程。

(二)虚拟现实技术在农产品电子商务中的应用效果和价值

1. 虚拟现实技术在农产品电子商务展示效果的分析

消费者进入农产品电子商务展示平台的主要目的:一是进行体验,了解农产品;二是进行农产品的洽谈和购买。体验过程是全面了解农产品情况,使消费者能够有效地提高对农产品的理解能力,而这方面,虚拟现实技术起到了很好的作用,它不仅能直观地展示农产品的内容,而且可以给消费者带来身临其境的体验感,最终达到展示农产品信息的最优效果。

2.审美体验在农产品电子商务中的应用价值

在农产品电子商务展销过程中,虚拟现实技术为消费者提供了全新的展示体验,可以充分调动消费者的参与热情,充分发挥消费者的想象力和创造力。虚拟现实技术促进农产品展示形式向着更加多元化的方向发展,也从简单的浏览展示向双向交互的方面转变,在传递各项信息的同时,使消费者产生舒服、愉悦的满足感,从而提升消费者的体验价值。

虚拟现实技术在农产品展示方面的应用改变了传统的农产品展柜、展台式展示模式,形成多感觉、动态的展示模式,整个展示过程摆脱静态展示形式,运用文字、图形图像、视音频特效等场景化技术,产生形式活泼的农产品动态展示情景,从而提升了农产品展示效果。虚拟现实技术应用于农产品的展示过程中,消费者可以选择感兴趣的内容,与商家进行适时的交互,在一个展示屏幕前获取该产品的全部传播信息,大大提高农产品电子商务展示的效率。将虚拟现实技术引用到农产品展示中,由单一形式转向综合交互,农产品展示过程变得丰富多彩,消费者的感觉和体验从原来单一的视觉、听觉欣赏向感、触、听等多感官延伸。在展示过程中,消费者可以投入虚拟现实场景中,全方位地进行浏览、交互,多角度地了解农产品的有关信息。

第四节 云计算技术在农产品电子商务中的应用

云计算技术为电子商务开辟了一个全新的局面,也为农产品电子商务销售带来了新的机遇和挑战,农产品电子商务的高效运作与发展离不开云计算技术的支持。

一、云计算技术基础知识

（一）云计算技术概述

1. 农产品电子商务采用云计算技术的缘由

在互联网时代，传统电子商务应用变得越来越复杂，尤其是农产品电子商务需要满足更多的不同种类消费者的需求，需要更强的计算能力，需要更加稳定安全的环境。为了支撑这些不断增长的需求，电子商务企业需要用"云"的技术降低应用的开销。云计算将电子商务的应用部署到云端后，可以让农产品电子商务经营者不必再关注那些令人头疼的硬件和软件问题，它们会由云服务提供商的专业团队去解决。经营者使用的是共享的硬件，这意味着像使用一个工具一样去利用云服务（就像插上插座，用户就能使用电一样简单），只需要用户按照其需要来支付相应的费用。

2. 理解云计算

生活中，当我们需要使用水资源的时候，扭开水龙头水就来了，用户只需要交纳水费。云计算，就像在每个不同地区开设不同的自来水公司，没有地域限制，经营者不必考虑云服务商身处何方，只要能够正常使用即可。就像我们不知道自来水来自哪个自来水厂一样，"云"就像自来水厂一样，我们可以随时接水，按照自己家的用水量，付费给自来水厂就可以。

3. 云计算技术的概念

云计算技术是通过网络"云"将巨大的数据计算处理程序分解成无数个小程序，然后，通过多部服务器组成的系统处理和分析这些小程序，得到结果并反馈给用户。

"云"实质上就是一个网络，狭义上讲，云计算就是一种提供资源的网络，使用者可以随时获取"云"上的资源，按需求量使用，并且可以看成是无限扩展的,只要按使用量付费就可以。广义上讲,云计算是与信息技术、软件、互联网相关的一种服务,这种计算资源共享池叫作"云",云计算把许多计算资源集合起来,通过软件实现自动化管理,只需要很少的人参与,就能让资源被快速提供。也就是说,计算能力作为一种商品,可以在互联网上流通,就像水、电、煤气一样,可以方便地取用,且价格较为低廉。

云计算不完全是一种网络技术,更是一种全新的网络应用概念,可以让每一个使用互联网的人都可以使用网络上的庞大计算资源与数据中心。云计算具有很强的扩展性,可以为农产品电子商务用户提供一种全新的体验。云计算的核心是可以将很多的计算机资源协调在一起,因此,用户可以通过网络获取到无限的资源,并且不受时间和空间的限制。

(二)云计算技术协同农产品电子商务的发展

1. 云计算技术赋能农产品电子商务

云计算作为新兴技术能够提高农产品电子商务企业在电子商务应用上的灵活性和专业性。云计算技术提供的强大计算能力、可靠安全的数据存储能力,能够满足电子商务平台对数据和大量请求的快速处理以及平台安全性的需求。云计算在农产品电子商务中的应用不仅可以有效地利用资源、降低成本,同时也是技术和农产品电子商务模式的创新。

利用云计算技术建设的农产品电子商务平台具有运行的稳定性,降低平台建设、运营和维护成本,提供灵活多样的网络服务和系统兼容性高、可扩展性好等优势。农产品本身的特殊性与电子商务在当前的发展状况,使云计算和大数据进入农产品电子商务领域成为必然。农产品电子商务中应用云技术让农产品耗损量大大降低,满足了消费者的多样化需求,加快了农产品信息系统建设的步伐,最终促进农产品电子商务的专业化进程。

任何行业的发展都要与时代接轨，否则难免被淘汰。农产品电子商务发展也一样，需要不断地改进自身技术，通过提升综合实力拓宽电子商务平台下的农产品云电子商务发展路径，提升经济效益。云计算的先进模式通过其强大的资源整合力量、数据分析和预判能力，可以有效地提高农产品电子商务产品的综合竞争力。

2.云计算和农产品电子商务整合发展

云计算和农产品电子商务需要整合发展。与其他产品相比，农产品最大的特点就是资源依赖性、季节性、区域性与易腐性，随着时代的快节奏化发展，传统的农产品电子商务途径已经跟不上社会发展的步伐，更不能满足消费者的个性化需求，产品不能及时有效地送达成为制约农产品发展的重要因素。

一方面，由于农产品的特殊性，其中大部分的产品（如鲜奶、肉类、海鲜等）需要进行冷藏，而现实是，在农产品运输过程中，有些区域和企业仍旧保持着传统的常温与自然方式，这种落后的电子商务设施，容易造成资源浪费，提高经营风险。

另一方面，部分农产品电子商务与激烈的农产品商流竞争相比，电子商务各环节匹配性不强、衔接不畅等问题，成为农产品电子商务发展的制约因素。随着信息化时代的不断发展，云技术作为创新应用在农产品电子商务发展中的运用也受到不同程度的关注，为各种农产品电子商务流通提供重要数据搭建了信息交流共享平台，提高了经济收益，提升了市场份额。

农产品电子商务模式随着信息技术的发展出现了移动化、线上线下一体化，农产品电子商务经营者可以通过云计算和农产品电子商务整合发展，采用云技术可以解决农产品电子商务运作过程中自建农产品电子商务平台运维成本高、技术人员缺乏、信息共享不畅等问题，实现农产品电子商务的深层次应用。

二、云计算技术在农产品电子商务中的实际应用

(一)农产品电子商务应用云计算的价值

电子商务已经成为我国农产品经营流通不可或缺的重要途径。农产品电子商务不仅扩展了农产品销售渠道,还能通过云计算和大数据技术有效引导和组织农产品生产,对于提高农产品竞争力,增加农民收入,实现城乡均衡发展具有重要作用,是农业供给侧结构性改革的重要抓手。应用云计算等新一代信息技术加速信息流、资金流、物流、商流的深度融合,将为农产品电子商务发展注入新的生机和活力,带动农产品电子商务全面升级,产生更为显著的经济和社会效益。

(二)云计算技术在农产品电子商务中的应用趋势

新的市场环境的变化和新技术的发展给农产品电子商务带来了新的机遇。我国农产品电子商务将进入高质量发展的新阶段。农产品电子商务在贫困地区直接或间接培育特色优势产业中发挥着重要作用。农产品电子商务通过连接云计算的发展,并与这些优秀的新技术相结合才能有更加旺盛的生命力。

通过云计算和大数据的准确分析,商家可以摸清每位消费者的需求,真正做到准确匹配,这是农产品电子商务未来发展的趋势。当前,农业信息技术飞速发展,现代农业向着规模化、集约化、精准化的方向发展,迫切需要一种新的农业信息服务模式出现。以云计算等为代表的新型信息服务无疑将为农业农村领域的创新发展带来变革,推动我国农业向"数字农业"和"智慧农业"稳步迈进。国家也明确提出要加快推动农业农村生产经营精准化、管理服务智能化、乡村治理数字化,大力发展数字农业,这已经成为我国推动乡村振兴、建设数字中国的重要组成部分。

(三)农产品电子商务实施云计算的策略

农产品电子商务需要以获取的庞大信息量为基础,运用云计算、

大数据等新一代信息技术,推进农产品电子商务运营的精细化、智慧化。云计算拥有的庞大信息量,可以有效对接农产品需求信息,生成准确的订单,实现供给与需求的无缝对接。云计算在电子商务中已经有了广泛的运用,能够有效地帮助商家控制成本,提供更便捷的使用感受,保障数据的安全。在农产品电子商务的经营中,我们可以采用以下两个渠道实现云计算的应用:

1. 使用云计算平台自建电子商务系统

根据企业的能力选择IaaS、PaaS模式通过云平台来建设电子商务系统,可以降低企业独立建设电子商务系统的成本,企业不需要自己购买主机、数据库、服务器、安全保障软件等,云平台的农产品电子商务系统通过网络接入云端,就可以使用所需功能,开发过程也变得更加快捷和简单。按需购买云服务,可以帮助企业以最低成本使用所需的电子商务应用,企业管理层只需按需付费选择计算机基础设施以满足设计自身系统的需求即可。

2. 使用专业电子商务云平台搭建企业电子商务系统

县镇政府、乡镇合作社开展自建农产品电子商务网站系统需要维护、推广,而由于竞争对手众多,企业如果想获得更多的优质服务也可以通过专业的电子商务云平台,由此可以降低农产品销售商家的投入门槛,为电子商务企业提供丰富多样的托管、存储、计算基础资源。商家可以根据自己的需要购买相应的空间和定制服务。在农产品产供销模式下,可以增加服务追踪体系,通过云计算、大数据分析等反向对生产经营过程进行精细化、信息化管理,加快推动移动互联网、物联网、二维码、无线射频识别等信息技术在生产加工和流通销售各环节的推广应用,强化上下游追溯体系对接和信息互通共享,不断扩大追溯体系覆盖面,实现农产品电子商务营销的全过程可追溯,保障农产品"舌尖上的安全"。

第五节 人工智能技术在农产品电子商务中的应用

随着科学技术和经济社会的迅速发展,人工智能的应用越来越普遍,它的发展对农产品电子商务也产生了深远的影响。可以说,人工智能与电子商务之间存在着密切的联系,两者相互影响、共同进步。

人工智能对农产品电子商务的影响主要体现在用户体验和交易效率两个方面:语音识别、计算机视觉、机器翻译、自然语言处理等人工智能技术,给农产品电子商务消费者提供了更好的人机交互体验;智能定价、库存预测等功能则帮助农产品电子商务商家实现了更加精准的营销,提高了经营效率。

与此同时,海量数据让人工智能学习得更快、变得更"聪明",人工智能技术的使用又创造出更有意义的大数据。有了这些数据,就可以对消费者有更加准确的了解,了解他们需要什么农产品和服务,并有针对性地提供相应的农产品和服务。

一、人工智能技术基础知识

(一)人工智能技术概述

1.人工智能技术概念

人工智能(Artificial Intelligence,AI)是研究、开发用于模拟、延伸和扩展人的智能的理论、方法、技术及应用系统的一门新的技术科学。人工智能是计算机科学的一个分支,它研究的主要目标之一是使机器能够胜任一些通常需要人类智能才能完成的复杂工作。

2.人工智能技术的时代背景

随着数字经济的发展,人类对各个行业的智能化应用具有非大的需求,而人工智能正肩负着推动数字经济,包括农产品电子商务纵深发展的重任。人工智能技术将成为推动社会经济发展的重要基础支撑,将与互联网一样,通过与实体经济的融合,通过各种技术、产品和工具,融入各行各业,不断提高各个行业的发展水平,创造新的服务体系、价值体系和产业体系,并在多个行业拥有深度应用的前景。

目前,农产品电子商务不断发展,产品销售、客户服务等诸多领域的服务水平难以满足人类对智能化的需求,需要研究、开发用于模拟、延伸和扩展人的智能化工具和技术,模拟人的思维和行为,代替人类脑力完成某些高难度的工作,降低人力成本并能避免人为误差,快速产生精确结果,提高劳动率,提升农产品电子商务智能服务水平。

人工智能汇聚了大数据、云计算、物联网等数字技术的综合影响力,逐渐从专业领域走向实际应用。人工智能作为新一轮产业变革的核心驱动力,将催生新的技术、产品、产业、业态、模式,从而引发经济结构的重大变革,实现社会生产力的整体提升。

以农产品电子商务客服为例,客服工作是电子商务中的一项重要的运营工作,但是已经成为继物流后制约电子商务行业发展的又一大痛点。近年来,随着人工智能的引入,机器人客服能否成为电子商务人工客服的替代,引发了广泛关注。

人工智能领域推出的对话机器人服务是基于人工智能技术,针对企业应用场景开发的云服务,主要包括智能问答、智能质检和任务型对话等功能,可以在一定程度上实现用人工智能技术替代传统人力完成客户服务工作。近年来,随着科技的发展,主流电子商务平台纷纷在客户服务中引入人工智能,一方面减少人力成本,另一方面提高客服的标准化与面对海量用户的响应速度。目前,多样性的人工智能技术已经融合到客服答复、管理、报表、数据等电子商务客服环节。

(二) 人工智能技术在农产品电子商务中的具体应用

1. 人工智能技术在农产品电子商务中的应用领域

近年来,电子商务取得了卓越成果,人们在享受电子商务带来的便利的同时,也对其提出了越来越高的要求,而人工智能技术的出现则为电子商务的发展开辟了新的思路和格局。

在电子商务领域,人工智能技术已逐渐发展成为助推销量增长和优化电子商务运营的强大工具。目前,人工智能在农产品电子商务领域的应用主要体现在以下几个方面:

(1) 智能客服机器人。智能客服机器人涉及机器学习、大数据、自然语言处理、语义分析和理解等多项人工智能技术。智能客服机器人的主要功能是自动回复消费者的问题,消费者可以通过文字、图片、语音与机器人进行交流。智能客服机器人可以有效降低人工成本、优化用户体验、提升服务质量、最大程度挽回夜间流量,以及帮助人工客服解决重复咨询问题。

(2) 推荐引擎。推荐引擎是建立在算法框架基础之上的一套完整的推荐系统。利用人工智能算法可以实现海量数据集的深度学习,分析农产品消费者的行为,并且预测哪些农产品可能会吸引消费者,从而为他们推荐特色农产品,这就有效降低了消费者选择心仪农产品的成本。

(3) 图片搜索。农产品电子商务平台的商品展示与消费者的需求描述之间,是通过搜索环节产生联系的。不过,基于文字的搜索行为有时很难直接引导消费者找到他们想要的农产品。通过计算机视觉和深度学习技术,可以让消费者轻松搜索到他们正在寻找的农产品。消费者只需将商品图片上传到电子商务平台,人工智能能够理解商品的品名、特色标签、品牌及其他的特征,最后为消费者提供同类型农产品的销售入口。

(4) 库存智能预测。多渠道库存规划管理是困扰电子商务最大的问题之一。库存不足时,补货所浪费的时间会给商家的收入带来很大的影响。但是,如果库存过多,又会使农产品经营风险增加。因此,想要准确预测库存并不是一件容易的事情。这时人工智能和深度学习算法可以在订单周转预测中派上用场,它们可以识别订单周转的关键因素,通过模型计算出这些因素对周转和库存的影响。此外,学习系统的优势在于它可以随着时间的推移不断学习而变得更加智能,这就使农产品库存的预测变得更加准确。

(5)销售趋势预测。一般来说,在农产品电子商务平台中会隐藏着大量的用户消费信息。所以,根据消费者浏览和购买的农产品的信息,利用深度学习算法可以从中分析出农产品品类的流行趋势,实现有价值的农产品销售预测。

(6)商品智慧定价。农产品定价一直是行业中的难点,传统模式下,商家需要依靠数据和自身的经验制定农产品的价格。然而,在日趋激烈的市场竞争环境中,农产品价格也要随着市场的变动做出及时调整。这种长期持续的价格调整,即便是对于一个只有小规模库存的线上零售商来说,也是一项很大的挑战。而这种定价问题正是人工智能所擅长的,通过先进的深度学习算法,人工智能技术可以持续评估市场动态以解决农产品商品定价问题。

2.人工智能技术赋能农产品电子商务

人工智能技术赋能农产品电子商务,会改变传统的电子商务流通渠道,提升流通效率。人工智能系统对消费者的购买行为、搜索记录、浏览记录进行学习之后,会越发了解消费者的消费习惯、消费喜好等,因此就有了更精准的农产品商品推荐,以及给消费者提供千人千面的、个性化的农产品搜索结果。通过人工智能技术的驱动,技术和消费相互配合,利用技术的感知、互联和智能,使得商品流、信息流和资金流为农产品电子商务服务,以实现农产品电子商务的可溯化、智能化,最终实现消费的多元化、参与化。

而且通过人工智能技术可以实现无界、精准的农产品电子商务商业图景,人工智能的体验升级不仅是便捷,还是对消费者需求的理解,实现比消费者更懂消费者,最终商家通过人工智能可以随时随地满足消费者随心的需求。

二、人工智能技术在农产品电子商务中的实际应用

(一)农产品电子商务应用人工智能的价值和趋势

1.人工智能技术在农产品电子商务中的应用价值

人工智能技术的核心价值在于将所有农产品电子商务的重要因素数据化,指导商家按照客观规律和事实从事电子商务活动,从而降低成本、提高农产品流通效率,同时增加农产品附加值。

(1)通过机器代替人工来降低成本。成本的降低是人工智能技术在农产品电子商务应用的最大价值。农产品电子商务的流程中,客服等工作是一个劳动密集型产业,以机器代替人工去完成烦琐的客服、售后工作可有效降低大量生产成本。

(2)通过掌控数据来提高农产品电子商务运作效率。农产品电子商务运作过程中的影响因素非常多,商家仅凭经验做出决策是远远不够的。通过人工智能技术,将原本属于经验的部分转化为可量化的数据,通过数据来指导农产品电子商务的运作可实现对影响电子商务因素的可控性。

(3)通过技术升级增加产品附加值。目前,农产品正面临一个品牌化的黄金时期。传统的农产品大都是按照品类来销售的,如果有品牌也一般是区域公用品牌或厂商品牌,很少有面向消费者的市场化品牌。一方面是因为优质的农产品不多,另一方面则是消费水平不足。随着农业的升级、产品的升级以及消费的升级,农产品将会开启一个品牌化的黄金时期。更多的农产品将会由区域品牌、厂商品牌上升至渠道品牌和消费品牌。人工智能技术在农产品品牌塑造中,可以建立一种以生产模式为核心的品牌,深入消费者,打造农产

品专属品牌。

通过人工智能技术将农产品从播种、种植到采收、加工、运输等流程全程记录下来,当某批次产品出现问题时,快速追踪到问题的真正源头,从播种到运输全流程追溯,好比电子产品可以追溯到每个零部件的供应商和生产入库批次一样。

用户通过扫描农产品标签上的二维码便能看到农产品的生长气候、环境、土壤、施药施肥、物流等情况。当消费者看到这个品牌就能体会到:这是技术升级后的农产品,是为技术埋单,而非故事或情怀。

2. 人工智能技术的在农产品电子商务中的应用趋势

将人工智能技术应用于农产品电子商务有利于推动农产品电子商务的发展与转型。农产品电子商务运营过程中通过应用人工智能技术可制定更加科学、灵活的生产与销售途径,在把握农产品市场行情的同时又能避免因价格变动较大而降低企业经济效益。

此外,在运营过程中可以充分应用大数据、人工智能等技术分析消费者的行为与习惯,挖掘目标客户,推送针对性的农产品信息,提高交易成功率的同时又能达到增加效益的作用。应用人工智能技术也能辅助农产品电子商务运营企业实现客户咨询智能化的目标,实现24小时咨询服务,让客户能随时了解农产品信息,提高交易率。

人工智能技术快速发展,并广泛应用于农业生产和流通中,提升了我国农业的总体水平。未来农产品电子商务中应用人工智能的趋势主要体现在以下几个方面:

(1)应用的集约化程度提高。随着农产品电子商务集约化程度逐步提高,人工智能技术广泛应用使得农产品电子商务的效率不断提高。

(2)农产品电子商务运作效率更加提升。人工智能技术广泛应用于农产品电子商务,提升了农产品电子商务的操作简便度与效率,提升了电子商务的智慧化程度。

(3)人工智能技术的场景化更加丰富。随着人工智能技术的普遍应用,更多的应用技术将会丰富农产品电子商务运作环节的智能化程度,通过多元化的场景技术,使得农产品电子商务的运营能力得到更快的提升。

(4)产生更多的应用成效。农产品电子商务应用人工智能技术可以帮助农村更好地实现产销对接,大幅提升农产品流通渠道的效率。智慧化的农产品电子商务不仅能继续改善农产品的流通端,更重要的是推动生产端的转型和升级。

(二)农产品电子商务应用人工智能技术的趋势变化

互联网时代,技术已成为软实力与硬实力发展的初步衡量标准。一项技术是否流行,其背后的因素是多元的,以互联网、电子商务、人工智能为重点的热门行业助推技术领域的快速更迭,真正可以落地场景、与产业链上下游相互协同的技术开始逐渐流行。

1.新技术迭代更新的速率加快

基于时代的快速变迁,新技术的迭代速率也不断加快,技术周期不断缩短、技术要求越来越高成为最明显的特征。

2.人工智能技术的驱动力加强

在"创新、颠覆与重塑"的新型商业环境下,以人工智能为代表的新兴科技力量快速向各个角落渗透,具有互联网基因的电子商务行业显然更具有独特优势。在移动互联网时代,人工智能、大数据、虚拟现实等新技术集群发展,将成为农产品电子商务发展的新驱动力。如今,随着国内发展条件的日趋成熟,人工智能和虚拟现实的价值不断得到释放。我们需要充分利用国内庞大的网民红利与资源,通过技术应用模式创新,不断拓宽农产品电子商务业务领域。

3.技术驱动新型的农产品电子商务运作模式

互联网以信息容量全面、更新及时、查询便捷等优势,已然成为广大农村地区最方便、快捷的信息获取渠道。无论是从技术储备层面、平台组织层面,还是消费升级层面、市场需求层面,我们都处在历史最佳变革的窗口期,这也是推进农业供给侧结构性改革的最好契机。我们要结合现代化科技元素,以创新的理念、现代的手法把农产品电子商务通过人工智能技术做出不一样的韵味和特色来,不但要求形式和内容创新,也追求在服务方式和商业模式上的创新,以此从激烈的市场竞争中脱颖而出,满足市场消费升级的需要,推动三产之间的融合发展,把农村各种资金、科技、人才等要素整合在一起,共同致力于农产品电子商务现代化的建设。

参考文献

[1] 尹凯丹.农产品安全与质量控制[M].北京:化学工业出版社,2020.

[2] 刘刚.农产品电子商务理论与案例解析[M].北京:中国农业出版社,2022.

[3] 张瑜,曾雅,洪霞.农业农村发展案例研究[M].南京:东南大学出版社,2019.

[4] 张加豪,杨翔惠,吕丹."双循环"新发展格局下农产品电商政策优化建议[J].农业工程,2021,11(7):143-147.

[5] 吕祥辰,郭丽君,高宣宣,等.电商扶贫模式下农特产品的销售实施方案研究[J].现代营销(学苑版),2021(7):82-83.

[6] 黄兰."互联网+"背景下农产品直播营销模式探析[J].农村经济与科技,2021,32(12):77-79.

[7] 葛晓滨.农产品电子商务运营:基于乡村振兴的新思维、新技术、新格局[M].北京:中国人民大学出版社,2019.

[8] 傅志强.农产品质量安全生产新技术[M].长沙:湖南科学技术出版社,2022.

[9] 刘刚.乡村振兴背景下的农产品供应链创新研究[M].北京:经济科学出版社,2019.

[10] 蔡荣.合作社农产品质量供给:影响因素及政策启示[J].财贸研究,2017(1):37-47.

[11] 艾文喜,姜河,梁卫东.农业标准化与农产品质量安全[M].北京:中国农业科学技术出版社,2019.

[12] 欧阳喜辉,黄宝勇.农产品质量安全检测操作实务[M].北京:中国农业出版社,2019.

[13] 张雪滑.试论发展背景下我国农产品网络零售业的发展[J].甘肃

农业科技,2021,52(8):72-79.

[14]彭超,段晋苑,马彪.新农人发展质量及其影响因素研究[J].宏观质量研究,2021,9(4):15-27.

[15]周明.大数据时代下农产品电子商务营销平台发展策略研究[J].商场现代化,2021(11):23-25.